JN439627

설산유정雪山有情

현대수필가100인선 · 69

설산유정雪山有情

도창회 수필선

좋은수필사

■ 책머리에

수필은 누구나 부담 없이 읽고, 마음만 먹으면 직접 쓸 수도 있는 가장 친근한 문학이다. 다른 영역의 문학이 영상매체에 밀려 신음하고 있는 중에도 수필 인구만은 날로 증가하여 바야흐로 수필 전성시대를 구가하고 있는 이유도 거기에 있을 것이다.

시대적 추세에 힘입어 수많은 수필전문지, 수필동인지가 창간되고, 이에 비례하여 신진 수필가도 날로 늘어나다 보니 이제는 그 많은 작가, 그 많은 작품 중에서 문학성 높은 작품을 가려 읽는 일이 쉽지 않게 되었다. 이런 현상은 작가에게나 독자에게나 결코 바람직한 일이 아니다. 더 나아가서는 수필을 연구하는 후세들에게도 큰 부담이 될 것이다.

이런 문제를 해결하는 데는 출판인도 마땅히 한몫을 감당해야 한다는 평소의 소신에 따라, 본사가 기꺼이 그 역할을 맡기로 했다. 그 첫 번째 사업으로 시대를 대표할 만한 수필가 100인을 선정하고, 작가가 자선한 40편 내외의 작품을 수록한 문고본을 발간하여 이를 널리 보급함으로써 그 소임을 다하고자 한다.

본사는 사명감을 가지고 이 사업을 추진해 나가기로 했다. 작가 선정을 전담할 편집위원회를 구성하고 전권을 위임하여 일체의 사적인 정실이나 청탁을 배제함으로써 전문성과 공

정성을 확보해 나갈 것이다.

따라서 이 기획물 속에는 작가의 문학정신뿐만 아니라, 본사의 문학사적 기여 의지와 편집위원 제위의 수필문학에 대한 애정과 문인으로서의 양심이 함께 담겨 있음을 자부한다. 다만, 작가를 선정하는 기준에는 많은 견해의 차이가 있을 수 있고, 선정 과정에서도 미처 챙기지 못한 부분이 있을 것이라는 사실만은 인정하지 않을 수 없다. 이 점에 대해서는 관계자 여러분의 양해 있으시기 바란다.

이 시리즈의 발간 순서는 작가, 또는 본사의 사정에 의한 것일 뿐 그 밖의 어떤 기준도 적용하지 않았음을 밝힌다.

본 기획물이 시대를 초월한 많은 수필 애호가들의 관심과 애정 속에 우리나라 수필문학 발전에 한 이정표가 되기를 바랄 뿐이다.

2010년 7월

좋은수필 발행인 서 정 환

현대수필가 100인선 간행 편집위원 박 재 식 최 병 호

정 진 권 강 호 형

변 해 명

1_부

2_부

3_부

4_부

선심善心

여체女體

늦바람

설산유정雪山有情

디딜방아

빈 집

바람 밥

애상哀傷

선심善心

가평천加平川은 예부터 물 맑기로 소문이 난 곳이다. 가평 냇가를 끼고 양편에 있는 산들은 모두 울창한 산림으로 채워져 청청히 젊어 있어 어느 쪽을 바라보아도 가슴이 퍼렇게 물이 든다. 명지산明知山 입구 냇가 큼직한 물푸레나무 그늘 밑에 천막을 세웠다. 올 여름은 유난스레 큰 비가 잦아서 냇물이 불어나 천막을 옮겨 다니느라 힘이 든다. 물이 불어나면 산등으로 옮겨갔다가 물이 빠지면 다시 냇가로 돌아온다. 여러 달 동안 노천생활을 하다 보니 이제는 야영생활에 이골이 났다. 넉넉지 못한 천막살림을 하다 보니 그저 살아지는 대로 살아가는 형편이다.

간밤에 내린 비로 온 산천이 젖은데다 는개가 내려 이른 아침인데도 산속은 어둡다. 희붐히 먼동이 트니 는개가 그치고

산에 낀 실안개가 아녀자의 치맛자락 걷어올리듯 산발치서부터 서서히 걷히고 있다. 추석을 며칠 앞둔 때라 천변川邊 빛바른 양지녘의 밤나무에 혹 햇밤톨이 벌어졌나 싶어 나는 비닐봉지를 챙겨 들고 길을 나섰다. 이슬에 젖은 길을 한참 걷다 보니 갑작스레 뒷부분이 무지룩하더니 변의便意가 생겼다. 나는 사방으로 살피다가 근처 풀밭을 택해 실례를 했다. 화급히 나오느라 뒤 닦을 채비가 되지 않아 안절부절못하다 하는 수 없이 나뭇잎을 따서 뒤처리를 했으나 깨끗이 안 된 듯 찝찝하기가 그지없다.

엉덩이를 뒤로 뽑고 어기적거리며 나오다 인근 고추밭이 보이기에 그리로 발을 들여놓았다. 엊저녁 냇물 속에서 잡은 메기가 생각났기 때문이다. 메기탕에 넣을 풋고추 몇 개 딸 속셈이었다. 밭고랑에 들어서 고추를 한 개, 두 개, 세 개째 따려고 고추를 움켜쥐고 당기려는 순간 등 뒤에서 벼락치는 소리가 들렸다. "남의 고추는 왜 따요!" 날카로운 아녀자의 음성이었다. 나는 화들짝 놀라 엉겁결에 내뱉은 말은 "찌개에 넣으려고요."였다. 이번엔 더 큰 소리로 벼락을 날렸다. "찌개나 마나 남의 고추에 왜 손을 대요!" 날카로운 음성이 내 귀를 찢었다.

무안에 주눅이 든 나는 손에 들린 고추 두 개를 땅에 내려놓지도 못하고 주인에게 되돌려주지도 못하고 마치 말목처럼 두 발이 땅에 박힌 채 엉거주춤 엉덩이를 빼고 서 있었다. 너무나 갑작스레 당하는 수모라 정신 차릴 여유가 도무지 없고 어디다

손둘 바를 찾지 못했다. 나는 한참 동안 한 손에 고추를 들고 또 한 손에는 비닐봉지를 들고 빳빳이 섰다가 그녀의 눈치를 살펴 엉금엉금 기다시피 앞만 보고 걸어갔다.

독자 여러분! 그때에 내 어설픈 몰골을 상상하실 수 있는지요? 나는 스무남 발자국을 옮겨 흘깃 뒤를 돌아보니 고추밭 가운데쯤에 촌 아낙의 시꺼먼 낯짝과 마주쳤다. 그때까지 매서운 눈알을 반들거리며 나를 노려보고 있었다. 그녀가 고추나무에 묻혀 있어 내가 미처 못 본 것이다. 아마도 내가 엉덩이를 벌겋게 까고 뒤를 보는 장면도 다 목격했을 것 같다. 허나 그녀가 쏘아보는 눈빛이 하도 무서워 창피할 겨를도 없었다.

나는 알밤 줍기를 포기하고 손에 들린 풋고추 두 개만 가지고 천막으로 돌아왔다. 돌팍에 엉덩이를 얹고 담배개비에다 불을 붙였다. 그제야 가슴이 내려앉았다. 이렇게 이른 아침에 고추밭에 주인이 나올 줄을 누가 알았겠는가. 꿈에도 생각하질 못했다. 아침부터 재수가 없으려니 들켜버린 것이다. 원망 반 자책 반 야릇한 감정이 솟아나 아침 내내 기분이 언짢았다.

나는 어릴 적 수박서리를 하러 수박밭 골을 기던 생각이 났다. 훤한 달밤에 밭고랑을 기다가 주인 영감에게 잡혀 똥이 빠져라 혼이 났던 생각이 새록새록 났다. 사실 수박서리든 닭서리든 또 고추서리든 안 들키면 횡재가 되고 들키는 날이면 영락없이 도둑이 된다. 상념은 나래를 달고 연이어 해살궂은 나의 과거사들이 줄을 잇는다. 이 나이에 장난이라면 말이 안

되고 영락없는 도선생이 된 것이다. 허기사 내 성이 도가니까 도선생은 도선생이 아닌가.

어쨌건 나는 따 가지고 온 고추 두 개를 칼로 잘게 썰어 찌개 냄비에 넣고 끓였다. 국이 끓기에 숟가락으로 국물을 떠서 간을 보았더니 그 풋고추 맛 한번 기차게 매웠다. '제기랄 꼴은 뭣 같은 여자지만 그 성깔만큼이나 고추 맛 한번 맵네.'하며 국물 한 숟가락을 떠서 입에다 부으려는 순간 내 앞에 검은 물체가 맞닥뜨렸다. 나는 깜짝 놀라 올려다보니 아까 본 고추밭 주인여자가 아닌가. 그녀의 시꺼먼 얼굴을 쳐다보며 "오늘 시장가서 사다 드릴게요." 어색한 말로 얼버무리고 있을 때 그녀가 내 코 앞에 불쑥 드민 것은 대소쿠리였다. 아무 소리 없이 들이민 소쿠리에는 풋고추 한 무더기와 동그란 애호박 한 개가 놓여 있었다.

내가 받아들 엄두를 못 내고 절절 매고 있는 동안 그녀는 대소쿠리에 든 물건을 내 천막 안에 와르르 쏟아놓고 총총히 가버렸다. 나는 되돌아가는 그녀 엉덩이에다 고맙다는 말 대신 꾸벅꾸벅 절을 하고 있었다. '아마도 오늘밤에는 온달이 뜨려나 봐.'

여체女體

조물주가 인간의 몸을 지을 때 아무렇게나 짓지 않았다는 것이 지배적인 견해인 것 같다. 나도 같은 생각이지만 아무려나 그 쓰임새에 따라 매우 조화롭게 지었는가 싶기도 하다. 일찍이 어떤 시인은 인간의 육체를 소우주에다 비겼다. 어떤 생각에서 그랬는지는 모르지만 옛 그리스의 천문인 푸톨레미는 우주는 분명 질서가 있고, 우주 안에 있는 만물들은 모름지기 모두 질서 있게 만들어졌다고 말했다. 그런 소릴 내가 믿어서가 아니라, 인간의 단순한 몸뚱어리를 소우주라고 보고서 찬찬히 각 부위를 뜯어보면 신기하기가 이를 데 없다. 남자는 남자대로 여자는 여자대로 그 특색이 있겠지만, 그러나 대체로 여자의 육체는 남자보다는 더 아름답게 지어졌다는 게 통설이다.

그림 속에 나부裸婦를 가만히 지켜보면 나는 어느새 탐혹耽惑

되어 야릇한 감흥에 젖는다.

나는 하릴없어 어느 무료한 날 무료한 시간을 빌어 여체의 전라全裸의 부분 부분에 상상의 나래를 펴 나름대로 느낌을 글로 적어보기로 했다.

여체의 부위 중 맨 윗부분은 분명 두발이 될 것인 즉, 거기서 시작해보기로 한다.

널따란 지표地表는 천연 숲 그대로였다. 거기는 나무가 빽빽이 들어찬 원시림으로 바람기가 조금만 있으면 출렁거림이 있다. 이 천연 숲 위에 태양이 뜨면 금빛 화려한 출렁임이 있고, 달이 뜨면 은빛 신비스런 출렁임이 거기에 있는 것이다. 촘촘히 불모지를 메운 이 수림에 바람이 불 때엔 흡사 모두가 모여 이구동성으로 내지르는 아우성의 광장일 수도 있지만, 다시 불던 바람만 그치면 고요한 대화의 광장일 수도 있다. 벌목을 해버리면 산토끼 한 마리 숨길 수 없어, 눈이 내리면 하얀 설원으로 변해 평화의 광장이 되기도 한다. 내 보기에 이 천연 숲에는 고요 속에 자유분방한 변화가 늘 있는 성싶다.

원래 이 원시림에 인적이라고는 발견할 수 없었으나 인간이 지知가 깨이고부터 이곳을 개간하여 가시덤불을 헤치고 가르맛길을 틔워 놓았다. 원구圓球 배면의 너른 땅도 같은 수림으로 덮여있어 나는 길 찾기가 어려웠고, 간신히 숲 가운데 난 가르맛길을 좇아 곧장 직하했다.

숲을 나서니 목전에 뜻밖에 나타난 것은 풀 한 포기 없는 망망한 붉은 황토 벌이었다. 동서로 가로 누워있는 이 황색 들판은 아침 햇살을 받아 눈이 부시다. 이 광막한 황야에는 늘 바람이 불어 고적감마저 서려 있었다. 이 황야도 원래는 원시 밀림으로 덮여있었는 듯 보이나 어느 때 산불이 났거나, 아니면 화전민들이 농사를 지어먹을 요량으로 풀을 뽑고 나무를 베어내어 개간해 놓은 곳 같기도 하다. 지금은 황토의 생땅이지만 두엄을 내고 가꾸기만 하면 비옥한 농토가 되어 작물이 잘 자랄 것도 같다.

여기서부터 두 개의 여우굴이 뚫린 산정까지는 아직 먼 거리지만 들판 중간 양편에 억새풀이 무성한 논둔덕이 보인다. 그 둔덕 아래 두 개의 천연 웅덩이가 나란히 있어 이 소沼의 맑은 수면은 낮에 해가 뜨고 밤에는 달이 비쳐 그 풍광이 아름답기로 소문이 나 있다. 소에 고인 물도 세월이 흘러 나이를 먹게 되면 소의 물빛이 흐리다. 흐린 수면에 비친 보름달이 실바람에 어른거려 그 모습이 선명하지 못하다. 나는 물 위에 뜬 보름달을 한참 완상玩賞하다 산줄기를 타고 언덕으로 향했다.

등성이를 타고 조금씩 오르다보니 산언덕은 점점 높아져서 어느새 마루에 이르게 된다. 정상은 언제나 그렇듯 사방이 두루 보인다. 높은 곳은 평지에서 못 보던 정경들도 보인다. 아하, 저런 곳도 있었구나 싶다. 산정이란 동쪽 하늘에 태양이 뜨면 언제나 맨 첫 번 햇볕을 받는 곳이라 세상 기별에는 가장 귀가 밝은 곳이기도 하다. 높은 곳은 두루 내다보여 좋기도 하지만, 그러나 사방이 드러나 있어 된 바람을 맞기가 일쑤다. 고지란 언제나 누군가에 정복의 대상이 되고, 그래서 그 높이 만큼이나 고독하고, 불안하고, 바람이 드세다.

나는 산꼭대기에 나는 바람을 잡아 들이키니 막혔던 가슴이 펑 뚫린다.

문득 발밑을 굽어보니 심연이 하늘을 마실 듯 입을 벌리고 기다리고 있어 아찔한 현기증에 눈을 꼬옥 감고 말았다. 높은 벼랑에서 내려다보는 심연은 너무나 깊어 끝 닿는 바닥을 헤아릴 길 없다. 이 심연을 중심으로 해서 양편에 바람을 막는 바람막이를 세워 놓았다. 언뜻 보면 뭔가 좀 인위적인 데가 없지 않다. 바람막이의 존재는 오직 거기에 부딪는 요란한 바람소리가 있음을 전제로 만들어진 것이 아닐까. 그런 점으로 바람막이란 모름지기 세상 시끄러운 소리에 견디기 괴롭고 고적하다 하리라. 하나 괴롭다 하여 모면할 수 없는 게 또한 바람막이가 아니던가.

오밀조밀 군데군데 볼 것 많은 세상을 등지고 못내 떨어지지 않는 발길을 옮겨 아랫동리를 향했다.

발뜩 내리막을 타고 미끌어지면서 곧바로 전혀 상상치 못했던 신천지가 지척으로 달겨든다. 나는 별유천지에 들어선 듯 초입에서부터 가슴이 마구 설렌다. 베일에 싸인 어떤 신화의 줄거리가 밝혀지려는 듯 가슴이 서서히 조이는 순간이다. 내가 처음 이 두 거봉을 바라보는 순간 나는 내 눈을 의심하였다.

안개 속에 묻힌 채 끝만 뾰족 내민 쌍산봉을 보고 놀라 한참 동안 흥분을 감추지 못했다. 만시지탄의 격세지감마저 느꼈다.

나는 언제나 비경을 보고 있으면 나도 몰래 마음이 급해진다. 뭔가 다급한 상황을 맞은 듯 쫓기는 기분이다. 나는 쿵덕쿵덕 뛰는 가슴을 간신히 누르며 마음으로나마 바삐 봉우리를 오르는 기분은 몹시 부드럽고 묘한 거였다.

비경秘境은 비경悲境이라고 했지만 조물주는 양쪽 알맞은 거리에다 어쩌면 그렇게도 또옥 닮은 두 개의 산봉을 세워 그 사이 깊은 골을 파놓았으니 실로 재주가 용타는 생각을 떨어버릴 수 없다. 사실 우리가 사뭇 평평한 평원을 만나면 구경거리가 없다. 막막한 사막은 하다못해 돌무더기라도 있어야 눈요기가 된다.

높은 뫼가 있으면 깊은 바다가 있듯 조물주가 이 단조로운 지형에다 나란히 두 개의 거봉을 세워 그 사이 깊은 골을 파 조화를 꾀했나 보다. 히말라야 산정은 항시 흰 눈으로 덮여 백두白頭가 되었다지만 여기 이 쌍산봉은 엷은 안개로 둘러져 있어 보일락 말락 보는 이로 하여금 은실발에 가려진 신비한 모습에서 한껏 풍만한 시정詩情마저 돋게 한다. 비경은 사람의 족적足跡이 없어야 신비를 더하는 법, 아무도 정복하지 못했을 그 정상을 쳐다보며 꿈속에서나마 발길이 잦던 유년 시절을 잠시 떠올리고 있었다. 그러나 거기 그 곳엔 분명히 썰렁한 바람이 불고 있을 거란 게 내 느낌이고, 내 추측이다.

나는 이별을 주저하며 내키지 않는 걸음을 재촉하여 남으로 향했다. 눈에 아른거리는 그 비경의 환상을 억지로 지우려 애쓰며 묵언행보하는 도중 멀리 전방 둥근 호수 가운데 떠 있는 섬을 발견하였다.

그 생김새가 하도 유별난 데가 있어 잠시 멈춰 나의 기묘한 상상력을 억지로 유발시켜 보았지만, 그러나 갈 길이 멀어 눈을 돌리고 말았다. 길은 계속 남으로 이어졌고 나는 그 길을 따라 마음을 모으고 걸었다. 내가 걷는 이 길은 광대무변한 평야 한가운데 나 있는 유일한 간선도로다. 이 길이 끝날 쯤해서 낮은 구릉지로 미끌어져 내리면 별안간 하늘이 어두워지면서 안전에 큰 솔밭이 나타난다. 다박솔들로 채워진 잔솔밭이긴 하지만 제법 밀렵꾼이 끼어들 정도로 으슥한 곳이다. 아스스 한기가 돈다.

태고적 정적을 고스란히 간직한 채 고요히 잠들어 있는 영구의 천연 숲이다. 나무들이 나서서 길을 막으니 자세한 지형은 알 길 없지만 얼핏 보아 삼각주 모양으로 이루어진 오지인 것 같다. 이 삼각주 꼭짓점 부근은 낭떠러지로 발의 전진이 전혀 불가능했다. 벼랑 끝에 분명 신기한 구경거리가 있을 성싶은데 '접근절대금지'라고 주서로 쓴 위험표시의 팻말을 보고 나니 호기심이 싹 가셨다.

전진불능의 만부득한 사정이고 보면 빨리 우회로를 찾는 수밖에 없다. 숲 속 골짜기에 난 우회로는 지세가 험난해 발바닥의 수고로움을 피할 길이 없게 되었지만, 그러나 그 길밖에 없으니 딴 궁리가 있을 리 없다. 삼각주 꼭짓점 언덕에서 다시 자세히 지형을 탐색해 보니 비슷한 길이 동서로 갈라져 있었다. 나는 일단 서쪽으로 난 우회로를 택해 조심스레 발걸음을 옮겼다. 줄창 뻗은 골짜길은 험하고 멀어 나의 숨은 턱에 닿고, 나의 안색은 노랗게 되었다. 천신만고 끝에 겨우 고갯길을 벗어나 막 산모퉁이를 돌자마자 돌연 거대한 두 개의 민둥산이 시야를 가렸다. 마치 서울 근교에 자리잡고 있는 불암산에 솟은 쌍유봉을 연상시킨다. 하늘을 배경으로 유형선으로 휘어진 능선이 몹시 부드러운 서정을 가져다 준다. 둥그마니 휘인 민둥산의 곡선을 눈길로 점차 좇다보니 어느새 나는 잠결에 아내의 뒷부분을 더듬는 착각에 헤맨다. 민둥산 굴곡을 좇아서 좌우로 빨리 눈을 회전하여 번복하면 어느덧 어떤 윤무輪舞가 시작되고 나는 그 가운데 어떤 황홀감 같은 것을 맛보게 되는 것이다. 뫼가 높아야 골도 깊어 이 두 개의 민둥산에 낀 깊은 골짝에서는 맑은 개울물 소리가 들리는 듯하다.

상상력은 사람마다 다르겠지만 다시 찬찬히 민둥산이 그은 곡선을 따라 눈길을 보내면 거기 움직이는 어떤 율동이 보인다. 마치 산들바람에 물결치는 보리이삭들의 춤사위가 보인다. 부드러운 맥무麥舞가 나를 유혹한다.

치키고 뻗은 산이 남성적이라면, 순하고 야트막한 산은 여성적이라고 하리라. 높은 산은 높은 산대로 아름답지만 야트막한 산은 낮은 대로 앙증스런 아름다움을 간직하고 있다. 야트막한 민둥산에 무에 그리 아름다움이 있느냐고 하겠지만, 그러나 보는 사람의 안목에 따라 다르리라고 본다. 치솟은 산이 고담준려高淡峻麗하다면, 야트막한 민둥산은 후정다감厚情多感하다 하리라. 비록 민둥산에 나무가 벗겨져 헐벗은 모습이 남루하고 따분하지만, 그러나 그 따분한 가운데 먼 훗날 푸름으로 채울 여유스러움을 느끼게 된다.

민둥산을 기어오르고 내리는 매끄러운 굴곡은 차라리 내겐 화려한 촉감의 유희다. 정체된 어떤 공간에 감도는 아늑한 분위기가 나를 싸안는 듯 나는 그 몽롱한 분위기에 몰입하여 넋을 놓는다. 직립한 두 개의 민둥산이 더욱 내 맘을 사로잡는 것은 무엇보다도 그 산 먼발치 어디쯤에 낯익은 안태고향이 있을 거란 막연한 생각 때문이다.

우직스레 하늘을 떠받들고 솟아있는 그 아둔한 모습에서 나는 무거운 어떤 뚝심 같은 걸 발견하게 된다. 어머니의 모성애 같은 뚝심으로 버티는 그런.

발길 가는 대로 맡겨놓아 예까지 다다르고 보니 다시 깊은 쌍갈래로 쪼개져 흡사 한 쪽은 경상도로, 다른 한 쪽 전라도로 뻗은 길 같더라. 심신이 피로하고 서산에 일락하니 갈 길이 막연하여 나는 그만 이쯤에서 금일 관광을 끝내고 노숙을 청하여 남은 곳은 다음날 가보려 한다.

늦바람

오래간만에 외박을 한번 했다고 아내에게 내침을 받았다. 나는 그럴 듯한 정당한 이유를 주워댔지만 아내는 속질 않았다. 나는 아내를 달래도 보고, 얼러도 보고 했지만 아무 소용이 없었다.

"저 양반 늦바람 난 게로구먼." 아내는 화가 단단히 났다.

"무슨 소리야. 내가 당신밖에 또 누가 있소."

능청을 떨었지만 아내는 막무가내였다. 하도 큰 소리로 목청을 돋우는 바람에 겁마저 번쩍 났다. 동네방네 소문이 나면 어쩌나 하고 나는 목을 어깨에다 푹 묻고 참는 수밖에 별 도리가 없었다.

'짖을 테면 짖어라.'하고 시치미를 딱 떼었다. 아내의 화난 모습은 마치 앙칼진 암고양이의 그것과도 같았다.

아내의 강짜가 너무나 심했다고 생각했는지 아들놈이 제 어미 말을 막았다. 다 성장한 자식들 앞에 애비의 체면이 말이 아니었다.

"저 놈도 수컷이라고 애비 편을 든다이."

"수컷들은 꼭 같은 것들."

아들놈이 한 마디 거들다가 죽사발이 되고 말았다. 되로 주고 말로 받은 셈이다. 나는 좀 창피했지만 하는 수가 없었다. 사실 나로 말하자면 딱 한 번밖에 외박한 일이 없는데 아내가 너무 심하다는 생각도 했다. 좀 억울하기도 했다.

그런데 아내는 족집게였다. 엊저녁에 일어난 일을 기가 막히게 맞췄다. 물론 추측으로 엮어낸 스토리지만 그럴싸하게 맞히는 게 아닌가!

'저 여자가 이젠 늙은 귀신이 다 된 것이 아닌가.'

아내의 영감은 대단했고, 나는 그녀의 영감에 소름끼쳤다. 30여 년 동거하는 동안 나에 관한 한 귀신 이상으로 전문가가 다 되었다고 생각했다.

그런 일이 있은 이래로 우리 집은 35도의 여름 더위 속에 덥다는 소리 한 번 못하고 둘 사이에는 냉전이 계속되었다. 밖의 여름날 열기도 식지 않지만 아내의 소갈머리도 꼴닥꼴닥 조금도 식지 않았다. 섭조개처럼 굳게 다문 아내의 입이 열린 것은 그로부터 꼭 닷새가 지나서부터였다. 입을 열려고 연 것이 아니라, 열지 않고는 못 배길 형편에 입을 뗀 것이다.

아내는 집에 개가 병이 났다고 했다. 며칠째 개가 밥도 안 먹고 신음만 한다고 했다. 정말 우리 개가 열병을 앓고 있었다. 밤새도록 낑낑 깽깽 이상한 소리를 내며 앓았다. 나는 여름에 상한 음식을 제공하여 배탈이 난 것이라고 생각했다. 이튿날 가축병원에 들러 가루약을 지어왔다. 아내는 네 다리를 모아 붙잡고, 나는 개의 아가리를 벌리고 가루약을 붓고 물을 퍼넣었다.

값 비싸게 사온 진도견이라 죽으면 큰일이었다. 평소 아내는 개를 싫어하는 편이어서 개를 미워했는데 이번만은 달랐다. 그렇게 식욕이 왕성하던 놈이 고깃국물에 밥을 말아 주어도 몇 번 혀로 찍어 먹고는 종일 거들떠보지를 않는 것이다. 낮의 불볕더위에 지열이 식지 않아 개는 혀를 빼고 헐떡거렸다. 7월 염천에 더위를 먹었을 게라고도 생각해 보았다.

아내와 나는 밤에 번갈아 정원에 나가서 개를 간호하였다. 낑낑 앓는 소리가 안쓰러워 견딜 수가 없었다. 이튿날 아침 일찍 지어온 가루약을 또 먹였다. 약이 쓴지 개가 대가리를 흔들며 몸부림쳤다. 아내의 힘으로선 발버둥치는 개를 이겨낼 수가 없어, 역을 바꾸어 내가 개의 몸뚱어리에 올라타고 앞다리를 쥐고 있고 아내는 약을 먹였다. 개는 구역질하며 애써 먹인 약을 토해내고 말았다. 아내와 나는 다시 큰 힘을 들여 약을 먹였다. 개의 발병으로 인하여 그간 우리 내외의 금실은 다시 좋아졌고 나의 외박사건을 아내는 까맣게 잊고 있었다. 아내와 나는 상의하여 내일 낮에 개를 가축병원을 데려가기로 했다.

7월 달 폭서의 기승은 꺾이질 않고 더위는 계속되었다. 정원에 녹음이 우거져 비교적 시원한 집이건만, 그러나 유난스런 올 더위는 도무지 이겨낼 수가 없었다.

작년에 헐값으로 팔아버린 에어컨 생각이 간절하였다. 아내는 내가 좋아하는 미숫가루를 얼음물에 계속 타다 날랐다. 아내의 험상궂은 심통은 풀려서 다시 싹싹한 현처가 되었다. 날은 덥지만 우리 가정엔 평화가 온 것이다. 다시 꼬리를 부드럽게 흔드는 아내가 사랑스러워 개가 병만 나으면 며칠 피서라도 다녀와야겠다고 속으로 다짐했다.

밤더위에 선잠을 자고 아침 일찍 뜰을 내려 정원으로 갔다. 개의 신음소리가 들리지 않았다. 나는 놀라서 개가 죽은 것이 분명하다고 생각하고 아내를 깨웠다. 아내도 놀라서 뛰쳐나왔다. 개가 보이지 않았다. 정원 구석구석을 뒤져 "워리, 워리."불러보았지만 개가 보이질 않았다. 연탄광, 지하실, 쓰레기통 후미진 곳곳을 찾아보았지마는 개의 행방은 묘연했다. 한참 후 대문이 열려 있는 것을 확인하고 개가 집을 나간 것이 틀림없다고 단정했다. 나는 안으로 들어가 잠옷을 벗고 평상복으로 입고 개를 찾아 대문을 나섰다. 아내도 내 뒤를 따랐다. 촘촘히 집들이 들어찬 도회의 골목길을 다 뒤졌다. 샅샅이 뒤졌지만 개는 여전히 보이질 않았다. 병난 개가 나갔으니 어디 가서 죽은 것이 틀림없다고 생각했다. 두 사람은 땀을 흘리며 찾았으나 두 사람 다 헛수고였다. 똑같이 허탈한 마음을 안고 집으로 돌아왔다.

집 가까이 당도해갈 무렵, 갑자기 앞선 아내가 발걸음을 멈추었다. 아내는 아무 말도 않고 손가락으로 가리켰다. 나는 얼른 다가가 손가락질하는 곳으로 눈길을 보냈다. 놀랍게도 우리 개가 옆집 암캐와 어울려 붙어있지 않은가!

아내는 고개를 돌리고 달음박질을 하여 대문으로 들어가버렸다. 개가 신병이 난 것이 아니라 늦바람이 난 것이다. 그런 줄도 모르고 그 쓴 약을 먹이느라고 생고생을 다했던 것이다. 정말 어이가 없었다. 대문을 들어서는 나를 아내가 돌아보며 하는 말,

"저놈의 개가 주인 닮아 늦바람이 났구먼."

"저것도 수컷이라고 외박을 다하고."

"수컷들은 개나 사람이나 하나도 틀린 것이 없구먼."

아내는 끌끌 혀를 찼다.

나는 아무 대꾸도 못하고 헤프게 웃고만 서 있었다. 다음날 암내를 맡고 낑낑대는 개를 아내는 대문을 활짝 열고 해방시켜 주고 계속 나만 집안에 가두어 놓았다.

설산유정雪山有情

내가 억하심정으로 집을 나섰을 때 검은 하늘에서 흰 눈가루를 뿌리고 있었다. 내 그때에 무슨 생각을 하면서 대문을 나섰는지는 정확히 기억할 길 없지만 대충 이 길이 마지막이란 그런 심정이었음은 어슴푸레 기억할 수가 있다.

한 30여 년이란 세월이 흘러갔으니 말이지 그때의 비참한 내 모습을 상상해보면 하도 말같지 않아 목구멍을 막는 허탈감마저 가눌 길이 없다. 세상은 돌고 도는 숨바꼭질 같은 느낌이다.

청솔가지의 송진 냄새처럼 진하고 풋풋했던 젊은 나이로 하얀 눈발처럼 지순한 가슴으로 나는 그녀를 사랑했고 생명보다 더 소중히 그녀를 아꼈다.

그런 그녀를 잃고, 아니 잃었다기보다는 친구에게 빼앗기고 분하고 억울한 억하심정으로 떠나는 발길이었으니, 낸들 내 앞날을 예측하기가 어려웠던 것은 사실이었다. 가슴속에서 솟구치는 뜨거운 눈물을 안으로 씹으며 기약 없는 운수행각雲水行脚을 나서는 무거운 발길에 어찌 그날따라 눈이 그리도 퍼부었던지.

아무리 생각해보아도 세상에 허무하고 거짓말 같은 것은 여자의 마음이었다. 여자로 인하여 상한 마음의 상처는 바로 그 여자밖에는 치유할 길이 없다는 말이 맞았다. 나는 그녀를 끔찍히도 사랑했고, 그녀 또한 나를 끔찍히도 따랐던 터였으니.

나는 청량리역으로 나와 강원도로 가는 밤기차에 무작정 몸을 실었다. 기적을 토한 기관차는 부슬부슬 눈 내리는 설원雪原을 가르며, 백설이 분분히 날리는 설산을 수없이 넘으며 가쁜 숨결로 흰 입김을 뿜어 달렸다. 이튿날 새벽 기차가 닿은 곳은 강원도 첩첩 산중 어느 간이역이었다. 개찰구를 통과한 나는 지체없이 근처 산 쪽으로 발을 옮겼다. 보던 책 몇 권을 챙겨 만든 괴나리봇짐을 메고 산행을 시작했다. 내가 무슨 산을 오르고 있으며 어디로 향하는지는 알 필요가 없었다. 발목까지 빠지는 눈 덮인 산길을 엎치락뒤치락 미끄러지며 걸었다. 산등성이를 오르고, 골짜기를 내리고 하여 너댓 산을 넘었다. 깊은 산중 인적없는 장소를 찾아 헤매었다. 끝없이 산속으로 뻗어있는 험한 눈길은 내가 가야할 운명의 길이었을 뿐, 종일 내리는 눈속에 지칠 줄도 모르고 허기진 줄도 몰랐다. 겨울 산 숲에는 어느덧 해가 지고 칠흑같은 어둠이 내려 강추위와 함께 적막강산으로 변했다. 어느 산구릉에 주저앉은 나의 몸은 추위에 얼어붙었고 정신은 점점 침몰하여 의식을 잃어가고 있었다. 내심 그렇게 되길 원했던 터다.

내가 다음 날 눈을 뜨고 의식을 찾았을 때는 어느 깊은 산중 화전민의 외딴집 방안이었다. 밤늦게 귀가하던 화전민에게 구출된 것이다.

화전민의 건넌방에 갇혀 길을 떠나지 못한 것은 쉴 새 없이 내리는 눈 때문만은 아니었다. 3년 동안 열애한 애인을 친구에게, 그것도 나와 가장 친하게 지내던 친구에게 빼앗긴 못난 자신이 너무나 저주스러워 자의적으로 자증자멸自憎自滅의 길을 택했던 때문이었다. 따지고 보면 그녀가 친구의 품에 안겨버린 것은 그녀의 발랄한 성격 탓만도 아니었다. 내가 출세한답시고 몇 번이고 낙방한 시험을 굳이 고집한 어리석음이 그녀를 잃게 된 큰 소이였음은 두말할 나위가 없었다. 달아오르는 가슴으로 매달리던 그녀를 밀치고, 마지막으로 꼭 6개월만 더 참아달라고 사정하여 동정童貞을 지킨 것이 그만 그녀와의 영원한 이별이 될 줄을 누가 알았겠는가. 나 같은 천치는 없는 게 낫다.

나는 설색기雪塞期 길이 막혀 화전민의 토방에 구들장을 지고 아침저녁 세 끼 끼니를 얻어먹으며 엉뚱하고 분별 잃은 생각만으로 치닫고 있었으니 내 속을 모르는 주인아주머니는 눈이 녹으면 떠나갈 길손으로 알 뿐, 아무것도 눈치채지 못하였던 것이다. 깊은 산중의 설색기는 지붕처마밑까지 눈이 쌓여 뒷간 길마저 막아버린다. 주인이 애써 뚫어놓은 뒷간 왕래를 제외하고는 두문불출한 나에게 어떤 심중의 변화가 온 것은 그럴싸한 명운이 걸린 새로운 사건의 발현發顯으로 비롯된 것이다.

내가 그 집에서 칩거한 지 보름이 지나도록 그 댁에는 주인 부부만 살고 있는 줄 알았다. 어느 날 뒷간 길에 예쁘장한 처녀를 만났다. 그녀는 그 집 외딸로 잡풀처럼 흐트러진 머리카락에 몽당치마를 입은 수줍은 산처녀 그대로였다.

그간 여러 날 내 밥상을 운반한 사람은 그 댁 안주인이었으니 그 댁 큰애기를 내가 알 턱이 없었다. 뒷간 길에서 그녀를 만난 그날 이후로 밥상을 든 사람은 그 집 큰애기로 바뀌었다. 꾀죄죄한 얼굴에 수줍어 붉힌 얼굴은 그리 밉지가 않았고 어색한 몸짓으로 받쳐 들고 온 밥상을 받는 나는 차츰 따스한 온기가 가슴에 돌았다. 하지만 감옥의 철문처럼 굳게 닫힌 내 마음의 결심은 조금도 동요하지 않았고 나를 사랑하고 또 나를 배신한 여인, 나는 그녀가 죽도록 미웠고 그녀가 타인의 가슴팍에 안겼다는 생각만 하면 온몸에 소름이 돋고 억장이 무너졌다.

그녀를 훔쳐간 내 친구만해도 그렇다. 나와는 가장 간격이 없고 죽마고우로 내가 가장 믿었던 친구였다. 그 친구가 우정을 배신하고 그녀를 꾀었다고 생각하니 피가 거꾸로 솟아올랐따. 두 년놈을 죽이고 싶도록 분통이 터졌다. 그러나 모두가 소용없는 일이었다. 화살은 이미 시위를 떠났고 엎질러진 물은 용기에 다시 담을 수가 없음인즉, 나는 내 자신을 저주하는 형극荊棘의 길을 택했고, 내가 죽어 줌으로 원수를 갚는 길이다. 그래서 이곳까지 온 것이다. 자오자멸自惡自滅을 각오한 아픈 가슴앓이로 혼자 신음을 하며 이를 갈았다.

불면의 밤을 수없이 보내고 있던 중 어느 달 밝은 늦은 밤이었다. 스르르 사립문이 열리면서 누가 뭔가 불쑥 방안으로 들이밀었다. 삶은 감자가 담긴 소쿠리였다. 그 집 큰애기가 밤참을 만들어 온 것이다. 나는 순간적인 발작으로 잽싸게 그녀의 손목을 잡아끌었다. 꼼짝 못하고 잡혀온 암탉처럼 바들바들 떨고 있는 그녀를 침구 속으로 집어넣고 말았으니 나의 동정은 그녀에게 송두리째 바쳐졌다. 순식간에 일어난 어이없는 발작의 사건이었다. 아니 그것은 사랑했던 여인에 대한 반란의 복수였는지도 모른다. 그 산속에서는 이 돌발적인 사건을 당사자와 나를 제외하고는 아무도 아는 사람이 없었다.

그런 운명적(?)인 사건이 있은 다음부터는 나는 마음속에 다른 큰 변화가 일기 시작했고, 화전민의 큰애기는 수줍어 고개를 못 들었다.

인적 끊긴 이 깊은 겨울 산속에 아무 일도 없었다는 듯 그간에 쌓였던 눈이 서서히 녹아 길이 트이었다. 나는 토방 벽에 붙은 달력을 쳐다보았다. 고사 날짜가 내일 모레로 육박하고 있었다.

이튿날 아침 나는 주인에게 그간 진 신세에 깊은 감사를 드리고, 조심스런 발자국을 삽짝으로 옮길 무렵, 갑자기 등 뒤에서 비명소리가 들렸다.

"아따따 —."

내 등 뒤 비통하게 마당에 꼬꾸라져 엎딘 큰애기가 말 못하는 백치白痴임을 안 것은 바로 그때였던 것이다. 화들짝 놀란 나는 감히 뒤를 돌아다볼 엄두조차 못 내고 그녀가 몸부림치며 뱉는 외마디 절규를 뒤로 남긴 채, 눈을 꼬옥 감고 허둥대는 두 다리에 힘을 주어 황망히 하산 길을 재촉하고 말았다.

겨울이 가면 봄이 오고, 봄이 가면 여름이 오고, 여름이 가면 가을이 오고, 가을이 지나면 또 다시 겨울이 닥쳐오건만 이젠 나도 나이 들어 두상에 흰 터럭이 수북이 솟았다. 매해 겨울이 되면 갈맷빛 먼 산에 눈이 묻어오기를 기다린다. 검은 하늘에 흰 눈가루라도 뿌리며 나는 둔탁한 쇠망치로 한 대 얻어맞은 듯 멍하니 서서 무슨 억하심정 같은 것이 내 목구멍을 꽈악 틀어 막어버린다. 그때 그 설산雪山의 유정有情을 잊지 못함은 아마도 세상은 돌고 도는 숨바꼭질과 같다는 느낌 때문인지도 모르겠다.

디딜방아

"칠푸덕 칠푸덕."

디딜방앗고가 돌확에 떨어지는 소리, 돌과 나무가 부딪쳐 내는 둔탁한 그 소리가 묵은 귀를 밝힌다. 오늘따라 왜 그 소리가 그리움이 발린 채 내 귓가에 가까이 다가서는지 모르겠다. 마음이 공허해질 때 머언 유년의 과거로 회귀하면 마치 그 소리가 원시적 천연의 소리처럼 가깝게 잡힌다. 디딜방아를 찧던 시절은 우금에서 그리 멀지 않은 세월이다. 그 세월에 디딜방아는 주로 곡식을 찧어 먹었지만 다른 여러 용도로도 쓰이던 이 방아는 가장 긴요한 생활도구였음은 말할 것도 없다.

디딜방아를 만드는 치목은 대개 참나무나 밤나무였다. 이들은 목질이 단단하고 무게가 있다. 그리고 처음 자랄 때는 원둥치가 외줄기로 뻗다 차츰 시간이 경과하면 쌍가지로 나뉘어

자라서 두 가랑이의 디딜판이 필요한 디딜방아의 치목으로는 안성맞춤이다. 허나 디딜방아의 몸체가 너무 무거워도 좋지 않고, 너무 가벼워도 좋지 않다. 그저 두 사람의 몸뚱아리를 합한 무게보다 조금 가벼우면 된다. 옛날 방아를 앉힐 때 그 댁 식구의 몸무게를 고려하여 앉혔다고 한다.

디딜방아의 쓰임새 또한 다양하다. 벼 보리를 찧어 껍질을 벗기고, 밀 메밀은 빻아 가루를 만들고, 콩 팥 강냉이 수수 지정 등 곡식이란 곡식은 모조리 디딜방아를 거치지 않고는 되는 일이 없었다. 당시는 매일 주식인 쌀과 보리를 떼겨서 밥을 짓고 죽을 끓였다. 방앗간에서 인심 난다는 말이 있듯이 방아 찧는 소리가 많이 들리는 집이 부잣집이다. 특히 명절에 디딜방앗간에는 불이 났다. 집집마다 떡살 빻는 소리가 요란하고, 진종일 방앗간에는 동네사람들로 붐벼서 시끌벅적 잔칫집 같았다.

칠푸덕 칠푸덕 방앗고가 돌확에 떨어지는 소리, 그 소리는 아련한 꿈결처럼, 손을 뻗어 더듬으면 손가락 끝이 닿을 것만 같이, 알싸한 산 메아리로 내 가슴팍에 안긴다. 삐그닥 삐그닥 디딜방아의 중간부위 지렛목의 마찰음이 귓가에 새그럽다. 귀를 한껏 낮추어 들으면 '삐그닥 칠푸덕.' '삐그닥 칠푸덕.' 잇대는 소리의 화음은 어쩌면 소리꾼과 고수의 장단 같지만, 좀 더 귀를 낮추어 들으면 마치 그 소리가 환청을 자극하여 남녀가 합궁하는 소리의 낭만으로도 들린다. 부부가 함께 디딜방아를 찧는 날 밤에는 어김없이 정분이 난다는 말도 있다.

디딜방앗간은 별 볼일 없는 살풍경이지만 그래도 지난 날에는 가장 정겨운 곳이 되었다. 사랑채 헛간에 차려진 디딜방앗간에는 시어머니, 올케, 시누이, 또는 서방님, 시동생, 사촌, 동서, 끼리끼리 도란도란 인정이 꽃피는 정겨운 장소였다. 돌확가에 퍼질러 앉아 몽당비로 곡물을 쓸어 넣고 뒤적이는 시어머니, 천장에 매달린 노끈에 의지하여 디딤판을 구르는 시누이와 올케, 돌확에 방앗고가 떨어지는 시간적 시차가 정확하게 유지되지 않으면 손을 넣을 수가 없다. 지렛목을 중심으로 다리품 파는 사람들의 몸무게와 방아머리의 무게가 비례되어 방앗고의 낙차의 고도가 결정된다. 방앗머리가 높이 치키어 오르려면 디딤판을 밟는 다리품꾼의 몸무게가 일정한 기준치를 넘어서야 되는 것이다.

때때로 디딜방아는 내외간 애정을 측정하는 바로미터가 되기도 한다. 나란히 디딤판을 밟으면 말없는 사이 상대방 육체의 하중을 짐작하게 된다. 평소 내외간 가까운 사이에 왜 상대방의 몸무게를 짐작하지 못할까만, 그러나 디딜방아를 찧는 그 순간만은 둘은 작금의 건강을 손금 보듯 환하게 들여다볼 수 있는 것이다. 방아의 몸체가 두 가랑이로 나뉘어져 있어 두 개의 디딤판을 올라섰을 때 남녀 간 어느 한쪽의 건강이 부실하면 방앗체가 기울어 지렛목에서는 마찰음이 높아진다. 방앗목을 타고 전달되는 부부애는 묘한 감정이라고 할 것이다. 누가 말했던가. 부부란 한 개의 사과를 두 쪽으로 갈라놓은 그 반쪽이 한데 합쳐진 것이라고. 그 반쪽이 어느 날 사그러들면 부부간의 애정도 짝이 찌부러진다.

그렇다. 어쩌면 부부란 사그러들어도 함께 사그러들고, 바스러져도 함께 바스러져야만 행복한 사람이라고.

삐그닥 칠푸덕, 삐그닥 칠푸덕 디딜방아 소리가 나직이 가느른 귀를 밝힌다. 낯익은 그 소리가 안쪽으로 나를 환각 속으로 몰아넣는다. 원시연적한 그윽한 그 소리가 음악은 아니더라도 나는 나 혼자 즐길 수 있는 멋의 소리다. 낭만의 소리다.

허나 어쩌리. 해거름 녘에 집집마다 쌀보리 떼기던 그 디딜방아 소리가 우리 귓전에서 멀어져가고 있다. 구식 사람들이 신식 사람들에게 밀려나듯 구식 방아도 신식 방아에게 밀려나는 판이다. 세월이 무심해 밀려나는 것을 어찌 말릴 수 있으리오. 허나 디딜방앗간에서 나오는 그 낭만의 환청마저 앗아간다고 생각하니 해묵은 가슴이 짜릿하게 아려온다. 둘이 찧는 디딜방아 소리는 어디로 가고 밤새껏 나 홀로 잠들지 못하고 혼자 끄덕대며 찧는 디딜방아 소리는 무용의 메아리가 되어 가슴에 헛울림하고 있다.

빈 집

결국 홀가분한 몸이 만든 호젓한 분위기가 문제인 듯하다. 호젓한 오지마을 빈 집이 산짐승처럼 험상궂은 얼굴을 하고 서 있다. 한때는 사람이 기거하던 처소였건만 어찌 저리 버려졌단 말인가. 폐허를 절감하는 순간이다.

빈 집의 마당은 온갖 잡풀들이 우거져 키를 재고, 청마루에는 흙먼지가 덕지덕지 쌓여 있고 창호는 한쪽 돌쩌귀가 빠져 바람에 덜컹댄다. 방안을 들여다보니 그야말로 난장판 그대로다. 온기 잃은 고가구들이 허섭쓰레기와 함께 나뒹굴어 흡사 폭풍이 지나간 뒷자리처럼 그 어수선함이 이를 데 없다. 부엌 또한 그 살벌한 꼴이란 그 기막힘이 눈살을 찌푸리게 한다. 부엌 아궁이가 꺼멍 아가리를 쩌억 벌리고 버럭 고함을 내지른다. 여기 삐끔 저기 삐끔 시력이 닿는 곳마다 허탈한 마음이 내장 속을 훑는다. 이 집은 도대체 어떤 사람이 살았을까?

여기는 덕유산 한 자락에 다소곳이 감춰진 원호덕 산골마을. 이 산촌 오지동리만 해도 이렇게 버려진 빈 집이 여남은 더 된다. 이농현상으로 농사일이 싫어서 도회지로 줄행랑을 놓았다는 소문이다. 쓰던 가구를 고스란히 두고 집을 떠난 뒤 10년 20년이 되어도 단 한 번을 안 찾아오는 사람도 있다고 했다.

내가 이 동리에 와서 이 빈 집들을 보고 집이 비어 있다는 게 신기하고 또 호기심이 발동하여 집가를 맴돌며 기웃댔다. 점차로 빈 집들에다 낯을 익히고부터는 내 뻔기가 늘고 숫기가 내둘러 들어가 본 것이 그만 빈 집 찾는 것이 취미가 되어버렸다. 우선 주인이 없고 보니 가로 막는 사람이 없어 좋고, 설령 야밤에 내가 들락거리는 것을 누가 보았다 해도 도둑으로 모는 일이 없으니 나들이가 편안했다.

평온한 두메마을, 태고의 정적 속에 고즈넉이 달빛에 젖어 있는 빈 집으로 나들이 가는 것은 내게 있어서는 별난 맛이 아닐 수 없다. 마을 초입에서부터 웃뜸 산림발치의 빈 기와집까지 띄엄띄엄 놓인 빈 집들을 가가호호 찾아다니다 보면 온 밤을 지샐 적이 많다.

사방이 쥐죽은 듯 고요한 이 한밤, 교교皎皎한 달빛을 머리에 이고, 마당에 뒤엉킨 덤불을 헤치고 들어가, 먼지 쌓인 마룻바닥에 엉덩이를 슬몃 붙이고서 서천西天에 흐르는 달을 멀거니 쳐다보노라면 밤 가는 줄을 모른다. 실로 홀가분하고 신비스런 달밤이다. 방안에 고가구들이 너저분히 널려 있길래 더 신비롭게 보일지 모른다. 껌껌한 방안에서 부스럭대는 소리가 나지만 나는 조금도 개의치 않는다. 도깨비라도 나올 양이면 내 편에서 먼저 벗을 하자고 말하면 될 일이다. 무섬증이 들 때는 반기는 이가 전혀 없는 것보다는 차라리 뭣이 되었든 있는 게 좋게 생각될 때도 있다.

밤새 이 집 저 집 쏘다니다 만난 도깨비들을 새끼줄로 꽁꽁 엮어 몰고 다니다 희붐한 새벽녘 먼동이 틀 무렵 동리 입구의 내 집 앞에 다다라서 해산시키면 될 일이다. 이 천연한 나의 행동에 도깨비들도 하품을 하리라. 허나 그런 일은 있지도, 있을 수도 없지만 다만 정적이 만들어낸 내 상상이 그렇다는 것뿐이다.

늦은 밤 내가 서상 머리에서 글을 쓰고 있을 적 둥근 달이 투명 창을 들여다보며 나를 밖으로 불러낸다. 나는 마치 귀신에게 씐 사람처럼 황망히 빈 집으로 달려간다. 그와 밀애하는 곳이 빈 집이기 때문이다. 여왕 달을 맞는 설레는 가슴은 쿵덕쿵덕 디딜방아를 찧는다. 호젓한 이 밤에 따로 챙길 바람願은 없어도 거기 정밀靜謐의 안분安分이 있고, 따로 반기는 이는 없어도 그리움에 풀죽어 있는 여신의 핼쑥한 얼굴이 거기 있다. 여왕 달은 나를 보자마자 내 가슴팍에 뛰어들어 얼굴을 파묻는다. 나도 미쁜 마음에 그녀를 꼬옥 껴안은 채 함께 울먹이고 있다. 둘의 가슴은 어느덧 화덕이 되어 타오른다. 여신의 몸을 가린 신비의 베일을 살며시 벗기는 순간 나도 모르게 화려한 생리적 절정을 훌딱 넘기는 순간이 된다. "아아, 나는 어쩜 좋아."

오늘 밤은 이 집에, 내일 밤은 저 집에 집집마다 번갈아 방문하다 보니 이젠 빈 집들이 내 집인 듯 마음이 편안하다. 아니 오히려 이 집들이 나로 인해 빈 집을 모면케 되었다. 도깨비의 출몰만 해도 그렇다. 내가 늦은 밤 빈 집을 찾지 않으면 도깨비란 존재가 뭐란 말인가. 다행히 내가 어릴 적부터 무섬기 없는 머슴애로 자랐기에 빈 집을 가는 일이 수월하고 또 도깨비의 발악이란 것도 있는 게 아닌가. 그러나 여왕 달을 만날 때만은 도깨비야 있든 말든 그들의 발악쯤은 도무지 문제가 되지 않는다.

몰취미가 되었든 악취미가 되었든 사람이 살지 않는 빈 집은 대낮에 가면 아무런 재미가 없다. 부엉이가 지즐대는 이슥한 밤에 몰래 찾아야 제 맛이다. 어슴푸레 달빛이 비치는 방안에 너브러져 있는 낡은 가구들이 한결 도탑게 신비감을 자아낸다. 금세 산발한 악귀가 튀어나올 법한 찰나, 소름이 오싹 돋아나고 밀폐된 정적 속에서 올려다본 푸른 달빛은 기괴천만奇怪千萬한다. 때론 무섬증을 억제하려고 애를 쓰다 이제 더는 못 참겠다 싶어 돌아나오는 바로 그때 비수의 짙푸른 칼날 빛이 번뜩인다. 등골에 찬 기운이 감돌아 감히 뒤돌아볼 엄두를 못 내고 식은 땀이 번지면 악귀의 붉은 손톱이 목덜미를 덥석 잡는 듯 솜털이 일제히 거꾸로 일어서는 순간, 바로 그 찰나에 무심코 올려다본 하늘에 달님의 얼굴은 이지러져 있다. 나를 적이 놀리는 듯 달의 방약무인傍若無人한 표정을 어설피 살피는 순간 내가 실성한 사람처럼 변해있는 것을 짐짓 여왕 달은 발견하고서 배시시 웃고 있다.

긴 동짇날 밤 싸늘히 식은 육체를 이끌고 가만가만 딛는 발자국의 그림자를 지우며 무너진 돌담을 넘어 빈 집 마당을 들어서는 마음은 마냥 조심스럽기만 하다. 디뎌놓은 발자국의 촉감이 잘 감지 안 되는 가벼운 걸음걸이로 댓돌 위에 사뿐 오른다. 이웃 개의 짖음도 멈추고 내가 내쉬는 숨소리조차 부담을 느끼는 고요로운 밤, 처마 끝에 흐르는 달은 인정스레 웃고, 그게 되레 나에겐 언성스럽기까지 하다. 자꾸만 낮에 본 방안 살풍경이 상기되어 오금이 당기지만 나는 헛기침 몇 번으로 곧 마음을 평정한다. 나의 헛기침에 놀란 작은 짐승 한 마리가 소스라쳐 풀 속으로 냅다 뛴다. 이럴 때는 이 빈 집이 나 혼자만이 아니라는 생각이 들어 뭔가 떨떠름한 기분이다. 집, 달 그리고 나, 이 셋으로 교감되는 신비가 잠시나마 깨어지는 조금은 불유쾌한 기분이다. 하지만 한갓진 처소에서 완전히 자유가 허락된 몸으로 달과 단 둘 사이 오가는 교감, 이것은 오로지 나만이 갖는 지복인 양 가슴 한 녘이 땃땃이 달아오른다. 뒷뫼에 그윽이 부는 송음松音을 가슴에 퍼담을 겨를은 더더욱 없다.

내가 빈 집에다 여왕 달을 혼자 맡겨놓고 떠나며 뒤돌아보는 순간은 마치 인간의 작위作爲가 스스로 만들어놓고 스스로 허무는 그런 순간이라고나 할까. 꿈이라면 어떠랴. 꿈일지라도 깨지 마라.

오늘밤도 나는 흥분된 가슴을 문지르며 빈 집으로 여왕 달을 만나러 밤나들이 나갈 차비를 바삐 서두르고 있다.

바람 밥

바람이 분다.

진종일 들판에 바람 잘 날이 없다. 사내가 가는 길에는 언제나 바람이 드세다. 쾌청한 날에도 바람은 불고 궂은 날에도 바람은 인다. 바람을 마시고 돌아가는 바람개비처럼 사내들은 바람 밥을 먹고 산다. 사내는 바람 밥을 먹고 바람 똥을 누고 산다. 사나이가 가는 길에 바람이 일지 않으면 무슨 맛으로 살까. 사나이에게 바람이 멎는 날은 목숨을 거두는 날이라 해도 좋으리라.

사나이는 바람이 이동하는 기류를 쫓아 뱃속의 허기도 잊고 양발에 피곤기도 잊고 먹이를 찾아 헤맨다. 차가운 경계警戒의 겨울바람을 맞으면 목을 움츠리고, 뜨뜻한 유혹의 여름바람을 맞으면 목을 뽑는다. 때로는 어림없는 이상理想을 찾아 나서다 때 아닌 돌풍을 얻어맞는다. 때로는 당혹과 곤혹의 엇바람, 때로는 질시의 칼바람, 때로는 복수의 피바람, 때로는 갈기갈기 설분을 찢는 한恨바람, 갖가지 이어지는 바람을 들이키며 사내는 살아간다.

풍風이 센 사람은 팔자가 세다고 한다. 바람난 남자, 바람든 여자는 가슴이 뜨거운 사람들일 것 같다. 속이 비어도 바람이 나지만 속이 뜨거워도 바람이 나는 법이다.

사람은 누구나 바람기가 있다. 사실 바람기로 말하자면 우리가 부모님의 몸을 벗어나 빨간 핏덩이로 이 세상에 던져졌을 때부터 바람기가 있었다고 왜 말을 못하는가. 아니 꽁꽁 못질한 관 속에도 바람기가 있기 마련이다.

우리가 가슴속에 바람을 심는 일은 더없이 중요하다. 처녀총각의 가슴에 바람이 들 때 이성이 아름답게 보인다. '바람기가 있다.' 이 말은 황막한 세상을 살아가는 우리에게 생활의 촉기를 불어넣는다는 말이 된다.

어릴 때 색동옷을 입고 싶음도 바람기 때문이고, 커서 여성분네가 귀고리를 매다는 것도 바람기 때문이다. 풍류風流를 즐기는 묵객墨客은 역시 바람기가 많은 사람이 아니던가. 놀음판에도 손바람이 일어야 돈을 딴다. 그리고 사랑하는 일마저도 바람기가….

불을 사랑하고 그리워하다 급기야 그 불구덩이에 뛰어들어 타죽는 불나비의 영혼처럼 우리는 바람을 못 잊어 그리다가 그 바람을 따라 쫓다 그 바람과 함께 사라지는 고독한 영혼이다.

어두운 밤에 문밖에 바람 부는 소리를 들어보라. 겨울밤에 부는 사나운 바람 소리는 섬뜩함을 주지만 사내에게는 되레 의기소침을 떨어버리는 기회도 준다. 지상에 부는 질풍疾風이 아무리 역겹고 숨 가빠도 우리는 늘 빈 가슴으로 맞아야 하고, 사내는 어떤 드센 바람도 이겨낼 수 있는 들말처럼 길러져야 한다고 믿는다.

도도한 취기醉氣로 잔술깨나 마시고 다니는 풍각風角쟁이를 거리에서 만난다. 비록 손에 든 것이라곤 고작 앵금통 하나밖에 없지만, 그러나 그의 발길이 닿는 거리마다 바람을 일구어, 그 바람을 팔아서 돈을 벌고, 그 돈으로 사랑을 산다. 풍각쟁이가 바람으로 산 사랑은 언제나 슬프고 바람둥이 풍각쟁이만을 오로지 따르던 사랑은 때가 되면 어김없이 이별을 한다. 애달피 사랑을 떠나보낸 풍각쟁이의 가슴은 비게 되고, 가슴이 비었을 때 앵금통에 울리는 가락은 더욱 구슬펐다.

우리는 거리의 악사처럼 허파에 바람을 넣고 산다. 고무풍선처럼 터질 듯 허파에 바람을 눌러 담아 균형을 잃고 헛발을 딛는다. 풍을 치고 다니는 사람은 끝내 바람이 탈을 내고 마는 것이다.

저 나뭇가지 끝을 흔들고 흩어지는 바람의 정체는 내게 무엇이던가. 바람처럼 흘러와서 바람처럼 떠나가는 이 허풍진 한 생애! 한생 풍증風症을 앓다가 다시는 돌이킬 수 없는 구석진 세월에 몸을 묻어야만 한다. 도처에 분분紛紛한 바람을 어찌 순치馴致할 수 있으리오만 이 걷잡을 수 없는 광풍狂風 속에서 우리의 몸짓이 잠잠히 길들어가는 것이다.

문밖에 바람이 일면 따라 가슴도 울렁인다. 우리가 일찍이 바람 부는 황야에 버려졌을 때 생의 존립마저도 회의의 대상이 되었지만, 그러나 우리는 살아가면 뜨거운 가슴으로 바람 밥을 삼키어 순화馴化 배설할 줄 아는 능력자로 길러졌음에랴. 참 우스운 게 세상이다.

바람은 우릴 성숙아로 길러 주었고, 모진 풍파를 헤쳐 갈 건강아로 다져 주었다. 눈물 없는 슬픔이 없듯이 바람 없는 인생을 생각할 수 없는 것이다. 봄에 남녘에서 부는 훈풍, 겨울에 북녘에서 부는 삭풍朔風, 철 따라 불어오는 계절풍을 맞아서 우리는 그에 부침하다가 세월이 흐른다.

문밖에 부는 바람 소리가 높아지고 있을 때 우리는 방안에서 무엇을 생각하고 있었던가. 휭－ 휭－ 전깃줄에 부딪쳐 내는 흡사 짐승 울음 같은 높새바람 소리를 들으며 우리는 그 무엇인가를 가슴 안에 퍼담았다. 가슴 안에 퍼담아넣은 것이 어떤 확실한 결정체가 아니더라도 그것이 그리 중요한 것은 못 된다. 다만 휘몰아 오는 삭풍의 거센 숨결을 가슴속에 되울림하는 것만으로도 서로가 깨어 있음을 느끼고, 서로가 살아 있음을 확인하는 것이다. 삶을 소홀히 해서는 아니 되겠기에 우리는 문을 활짝 열어 바람을 쐰다.

가는 길이 들쭉날쭉 치솟아 오르고 가라앉아서 장난기 어린 미친 바람기는 별다른 대책이 없지만, 하나 살랑거리는 산들바람이 내 식미食味에 맞지 않는 것은 워낙 삐뚤어진 나의 괴벽 때문일까. 멋대가리 없이 휘청거리는 열풍의 기승을 제압하는 방법은 역품逆風이라는 게 있다. 서방에서 불어오는 어이없는 열풍은 동쪽에서 차가운 맞바람을 일으켜 막을 일이다.

우리는 바람을 닮아 한생 바람처럼 떠돌다 그 바람과 함께 사라진다.

바람, 그것이 우리의 소망일 수 있다면 우리는 어찌 되는 것인가? 만나서 머물다 떠나는 바람은 우리 한생의 모습이다. 아니, 영락없는 우리 모습이다. 매몰찬 바깥 세상에 순전히 들뜬 바람으로 뒤척이다 가는 사람이지만, 그래도 엔간히 드센 바람을 몸에 익힌 셈이다.

바람 따라 세월은 속절없이 흘러갔고 계절은 바뀌었다. 이내 닥쳐올 초겨울 샛바람을 막기 위하여 뚫어진 문틈을 미리 창호지로 때워 놓아야겠다.

애상哀傷

가칠하게 수척한 겨울 산이 오늘따라 몹시 추워 보인다. 산에 잎을 떨구고 나신으로 선 나무들이 을씨년스럽다. 음력 삼월이라지만 아직 강추위가 물러가지 않았다. 밤하늘을 올려다보니 별들이 파르르 추위에 떨고 있다. 언제쯤 산기슭 양지녘에 볕살이 올라 샛강 얼음이 풀리려나.

나는 겨우내 애상哀傷의 상처를 안고 추운 겨울을 나고 있다. 나 혼자 몰래 앓는 병이라 아무도 눈치 채지 못한다. 나는 후조候鳥가 돌아온 기척이라도 있을까 싶어 여간 신경이 쓰이지 않는다. 하루에도 몇 번씩 밖에 나가 사방을 두리번거린다. 이젠 기다림이 지루하다 못해 안달로 치닫는다. 이것들이 언제쯤 돌아오려나?

내 집 처마 밑에 깃들어 섭생攝生을 하고 강남으로 떠나간 제비를 기다리고 있는 것이다. 내 집으로 돌아오기나 하려나. 아무리 귀소 본능이 강한 날짐승이라고는 하지만 봄, 여름, 가을 무려 3철을 나와 한 지붕 아래 인근해 살았으면서도 간다는 작별 인사 한 마디 없이 훌쩍 떠나버린 매정한 것들. 나는 왜 이런 인정머리 없는 놈들에게 정을 주어 이렇게 기다리고 있는 건지 모르겠다. 갈 때도 기약 없이 사라졌지만 올 때도 기별을 놓지 않고 어느 날 불쑥 나타나는 놈들이다. 나는 지창紙窓 밖에 무슨 조그마한 기척이 있으면 하루에도 몇 번씩 문을 펄쩍 열고 내다본다. 번번이 바람소리에 속아서 이제는 기다림이 병이 될 듯 목이 마르다. 전깃줄에 늘늘이 앉아 조잘대는 제비 새끼들을 보고서야 도진 겨울 병이 나을 것만 같다. 내가 이토록 제비를 기다리는 데는 그럴싸한 곡절이 있는 까닭이다.

나는 35년 넘게 서울 생활을 했다. 영일寧日 없는 세월로 초로初老가 될 때까지 도시 생활이 계속된 셈이다. 시골 태생의 도회 사람들은 거지반 번잡한 도시 생활이 악몽같이 생각되고 또 지루해서 늙기 전에 자기가 태어난 전원田園으로 돌아가고 싶어한다. 살림이 궁핍하고 생활이 골몰하면 더욱 시골이 그립다. 자의 반, 타의 반 나는 늙기 전에 우연찮게 시골로 이사 오는 행운을 얻었다. 오랜 소망이 뜻하지 않게 이루어진 셈이다. 서울 인근 경기도 양주땅 삼하리三下里란 동리다. 허름한 촌 농가 한 채를 전세로 얻었다. 여기는 약방과 목욕탕도 없을 뿐더러 교통이 몹시 불편하여 나의 내자는 입술이 불거져나와 심술을 부리기 일쑤다. 허나 지금은 잠잠히 시골 생활에 길들여지고 있다. 고생이야 되든 말든 전원생활이 내 정서에 꼭 맞아 나 혼자 들떠 있다. 우선 산수가 수려하여 산 공기가 맑고 마을 사람들이 인정스럽다. 간간이 밭에 뿌린 인분 냄새가 내 코를 당황케 만들지만 그래도 오랜만에 듣는 개구리 소리는 내 가슴을 펑 뚫어놓는다. "개굴개굴 개굴 갵 갵 갵." 개구리 소리는 내 영혼을 말끔히 씻어내듯 한가롭다. 집 뒤 흐르는 개여울에 송사리가 노니는 맑은 물은 더없는 기쁨이다. 그보다 내 눈을 동그랗게 뜨게 한 것은 제비다.

이른 봄 제비 한 쌍이 내 집을 찾아와 둥지를 틀었다. 마당에 늘인 빨랫줄에 올라앉은 제비를 처음 보는 순간 나는 소스라치게 놀라 나의 내자를 바삐 불러내었다. 마치 천복天福이라도 내려주 듯 반가웠고, 별난 행운의 조짐이라도 되는 듯 나의 내자는 손뼉을 치며 좋아했다. "지지 지지 지지배 지지배배." 쫑알대는 제비 소리는 천사의 음성인 양 신기하기 이를 데 없었다. 대도회 가까운 곳에서 이런 후조를 보는 기쁨은 더할 나위 없다.

그날 이후 나는 제비 보는 재미에 푹 빠져 제비집에 밑받침을 달아 주고, 제비가 쉴 수 있도록 추녀 밑에 끈을 늘이어 주었다.

후조 중에도 제비는 유난스레 부부 금실이 좋은 새다. 한 둥우리에 나란히 지내는 정다운 모습을 홀아비나 과부가 지켜

보면 심술이 날 정도다. 합심하여 둥우리를 쌓고, 열심히 구애를 하여, 알을 낳아 품어 새끼를 깐다. 자식을 기르는 정성 또한 지극하다. 암컷 수컷 번갈아 공중을 차고 올라 산 벌레를 잡아다 새끼를 먹인다. 먹임질에 잠시도 소홀히 하는 법이 없다. 새끼들이 노란 주둥이를 벌리고 발쭉발쭉 먹이를 받는 모습은 정말 옹골차다. 젖을 뗀 유아가 밥숟가락을 납죽납죽 받는 귀여운 모습처럼.

제비는 지혜로운 동물로 먹이를 물어와 자식들에게 골고루 먹이고 새끼들이 먹고 싼 배설물을 말끔히 치운다. 자식들에게 쏟는 세심한 정성은 인간에 못지않다. 한데, 우리 집 제비 가족에게 비사悲事가 일어났다. 영특한 동물이건만 실수를 해 제비새끼 8마리 중 한 놈을 마룻바닥에 떨어뜨렸다. 천장이 비교적 낮은 탓에 크게 다치지는 않았다. 날갯죽지도 말짱하고, 다리도 성해서 가만히 제 집에 얹어 주었다. 가지 많은 나무에 바람 잘 날 없다더니, 말썽 많은 새끼들 틈에 어미 애비는 고생이 자심했다. 비좁은 둥우리에 새끼들이 몸뚱어리가 불어나니 낙방이 잦아졌다. 가만히 관찰해 보니, 어미가 둥우리의 북데기 속에 새끼가 싼 배설물을 찾느라 새끼를 집 밖으로 밀어내어 새끼가 낙반하는 것이다. 인간들의 형제자매 간에도 유난스레 병약한 놈이 있듯, 우리 집 제비 가족 중에도 유난히 병약한 놈이 하나 있어, 그 한 놈이 매번 마룻바닥에 떨어진다. 바닥에 발발 떨고 있는 놈을 여러 번 거둬 준 적이 있다.

어언간 나뭇잎은 푸르러 녹음이 되고, 산은 청청히 젊어져 성하盛夏가 될 무렵 새끼제비들은 다 자라서 날개를 활짝 펴고 공중 곡예로 먹이 사냥을 나섰다. 연미복 차림의 제비는 날쌔기가 한량없어 솔개도 못 채간다. 그리고 제비는 죽은 벌레를 먹지 않는다. 반드시 날고 있는 벌레를 더 빠른 비상으로 낚아채어 그 놈을 먹고 산다. 해충을 잡는다고 해서 제비를 익조益鳥라고 부르지만, 그러나 곁하여 살아보면 성가실 때가 이를 데 없다.

큰일이 생겼다. 낙방을 자주 한 놈이 늦여름이 다 가도록 운신을 못하고 제 집에 남아 있었다. 놈은 둥지에 주저앉아 어미가 주는 먹이를 받고만 있었다. 아무렴 부모의 애정이 저리 대단할까 싶어 어미가 애처로워 볼 수가 없었다. 아무리 말 못하는 짐승이라도 병약한 자식 놈이 얼마나 원망스러우랴 싶었다. 어미 제비는 언제나 둥우리 주변을 돌면서 시름에 빠져 있는 듯 보였다.

여름이 다 가고, 초가을이 또 가고, 늦가을이 닥쳐왔다. 병약한 새끼 놈은 보금자리를 기어나올 생각을 않고, 어미의 희생만 강요하고 있었으니 불우아를 돌보는 부모와 무엇이 다르랴.

만추에 곱게 물들었던 산에 단풍잎이 다 지고, 해설핏한 나절에 나는 남새밭 가에서 떠가는 구름을 구경하고 있었다. 바로 그때였다. 우리 집 병약한 제비 새끼란 놈이 둥지에서 벗어나 근처 밤나무에 앉아 있지 않은가! 나는 움찔 놀라 눈까풀을 까집고 바라다봤다. 틀림없는 그 놈이었다. 놈은 연약한 나래를 겨우 펴고 단거리를 날고 있었다. 그러나 활달하게 날아올라 벌레를 잡기엔 아직 부족한 비상이었다. 어미는 애가 타는 듯 조잘대며 근처 전깃줄에 앉아 있었다. 내가 듣기에는 "좀 더 힘을 내어 날아 봐. 어서어서." 목멘 독촉 같았다.

인간이나 동물이나 부모는 언제나 약자의 편이다. 불우한 자식을 위해 한평생 희생을 강요당하는 그런. 어미 제비는 마치 힘겹게 노마老馬를 몰아가는 늙은 마부馬夫처럼 어깨에 힘이 빠져 있었다. 계속 먹이를 물어다 새끼의 입 속에다 넣어주면서 뒷바라지를 하고 있는 것이 아닌가.

처서, 백로, 추분이 지나고, 상강, 한로를 지나 입동이 올 무렵 나무들은 겨울잠을 청하고 있었다. 나는 우연히 남새밭에 나갔다가 낭패를 목격하고 기겁을 했다. 이를 어찌하랴. 밤나무 밑 풀숲에 새끼제비가 죽어 있지 않은가! 우리 집 그 놈이 죽은 것이다. 고개를 들고 살피니 근처 잎 진 나뭇가지 위에서 어미 제비가 새끼의 시체를 내려다보고 있었다. 푸석한 날개를 접고 슬픈 표정으로 내려다보고 있었다.

철이 바뀌면 어김없이 떠나야 할 후조이건만 차마 병약한 자식을 두고 못 떠난 것이다. 어미제비가 가엾어 나는 며칠 밤을 설핏 새고 다시 남새밭에 나갔더니, 아뿔싸, 어미 제비도 자식의 주검에서 멀지 않은 곳에 시체가 되어 있지 않은가! 나는 떨리는 손으로 시체를 거두어 새끼 무덤 옆에 묻어 주었다. 아 ~ 자식에 대한 모정이 저러할까.

나는 별나라로 가신 어머님을 그리며 이슬 맺힌 눈으로 밤하늘을 올려다본다. 제 아내와 제 어미가 죽은 줄도 모르고 있을 강남 간 제비새끼들을 나는 열심히 기다리고 있다. 애상의 한겨울 내내 혼자 꽁꽁 앓으면서.

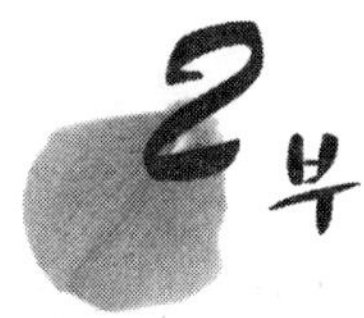

2부

호주머니

뭐니 뭐니 해도 나와 가장 가까운 측근은 내가 입고 있는 의복일 것이요, 그 의복에 달린 호주머니는 나의 육체 다음으로 가장 긴요히 쓰이는 용처用處가 될 것이다.

T.S.엘리어트는 커피스푼으로 자기 인생을 자질했다지만 나는 나의 인생을 호주머니 형편으로 자질했다. 새삼 말하거니와, 내 인생은 나의 포켓 안에 들어있다는 말이다. 사실 내가 내 집 대문을 나와 외출하게 되면 내가 믿을 수 있는 것은 전적으로 내 포켓 뿐이다. 일단 다른 생각은 까맣게 잊고 지금 호주머니 안에 무엇이 들어 있는가 더듬게 된다.

하긴 제 아무리 많은 재산을 지녔다해도 당장은 포켓에 들어있는 것만이 내 것의 전부이고, 또 내게 소중한 것이다. 나는 나의 호주머니에 손을 넣어 그 속에 든 물건들을 확인해 본다.

지갑, 수첩, 손수건, 전화카드, 전차표, 동전 몇 푼, 그리고 다급할 때 쓸 휴지와 무료한 시각에 읽을 소책자가 들어 있다. 만약 흡연가라면 담배, 라이터, 파이프가 추가로 들어 있을 것이다. 사람마다 포켓 자산 목록이 다르겠지만 가령 전기공이나 기계수선공의 지참목록은 판이하게 다를 수도 있다. 나이 탓이겠지만 나는 호주머니 재산 목록을 챙기는 데 힘이 든다. 밖에 나와 살펴보면 꼭 한두 가지를 빠뜨려서 찝찝해 한다.

바야흐로 호주머니가 넉넉한 자가 부자다. 돈이야 은행에도 많이 있고, 부잣집 금고에도 가득 있지만, 주머니에 든 것이 없다면 다 부질없는 일이다. 가령 백화점 들러 비싼 물건을 골라 놓고 포켓을 뒤졌을 때 지갑이 찾아지지 않으면 몹시 당황하게 된다. 한참 동안 이 주머니 저 주머니 뒤지다 뒤늦게 포켓 속에 지갑이 없고, 집에 놓고 왔음이 확인되면 이 때는 이미 늦은 것이다. 손에 든 물건을 겸연쩍게 제자리에 놓으면서 백화점 점원더러 "집에 지갑을 놓고 왔어요. 그 지갑에는 돈이 많이 들었어요."라고 말해본들 그 점원이 그렇게 믿어주겠느냐는 것이다.

그래서 호주머니의 형편이 현재의 내 인격이고, 내 인생의 전부란 말이 맞는다. 안주머니, 겉주머니, 윗주머니, 밑주머니, 속주머니, 속주머니 그 안에 달린 안주머니 등 그렇게 옷에 여러 개의 주머니를 달고 다니면서 '거기에 그것이 없다'고 한다면 호주머니가 그렇게 많이 달린들 무슨 소용이 있단 말인가. 우선은 오늘 나의 호주머니의 의미가 절대적이다. 오늘의 호주머니 실력에 따라 나의 계획이 수립되고, 오늘의 내 인생살이 전개가 이루어진다. 가끔 호주머니 사정을 면밀히 조사하고 계산하지 않으면 계획에 차질이 올 것이다. 아니 계산착오로 인하여 중대한 일이 벌어질 수도 있음을 명심하라.

아무리 명망이 있고, 아무리 나라 안 등위에 든 부호라도 지금의 호주머니 사정을 깔보면 크게 코를 다친다.

1차, 2차, 3차 술집을 옮겨 다니다 호주머니 속에 손을 쓰윽 디밀어 불과 몇 장의 지폐가 만져지고, 게다가 동전 몇 닢이 만지작거려지면 가만히 몸을 낮추고, 중차대한 약속도 억지 이유를 붙여 뒤로 미루고 귀가를 서둘 일이다. 몸에 붙어 다니는 고방庫房이 비었는데 무슨 뾰족한 수가 있단 말인가. 몸에 아무리 큰 호주머니를 차고, 또 여러 개의 주머니를 부착해 놓았다 해도 그 주머니의 크기와 개수가 문제가 아니라 그 호주머니를 채운 능력이 문제인 것이다.

똑바로 정신을 차리지 않으면 말 못할 큰 실수나, 일생 되돌릴 수 없는 후회를 낳을 수도 있다는 것이다. 그래도 호주머니의 의미가 절대적이란 말이 실감나지 않을는지 모르지만, 적어도 몇 번 호주머니의 확인미숙이나 또 호주머니 재산의 계산착오로 인하여 큰 골탕을 먹고 나면 비로소 그 의미를 실감하게 될 것이다.

독자 여러분! 잠시 하던 일을 멈추고 각자 지금 입고 있는 의복에 호주머니가 몇 개인가를 세어보라. 윗 양복저고리 밖 3개, 안쪽 3개, 아래 바지의 옆주머니 2개, 뒷주머니 2개, 허리

춤 안쪽 비밀 주머니 1개, 거기다 와이셔츠 주머니 1개까지 합치면 10개 이상이 된다. 지갑은 상의 왼쪽 안주머니에, 수첩은 오른쪽 안주머니에, 회중시계 혹은 동전은 안쪽 시계 주머니에, 손수건이나 휴지는 아래 바지 뒷주머니에, 옆주머니는 우선 비워두고, 바지 허리 안쪽 비밀주머니에는 비상금을 꼽쳐두고, 와이셔츠 주머니에는 전차표나 전화카드를 보관한다. 그렇게 많은 주머니에 들어갈 이동자산을 챙기기란 그리 쉽지가 않다. 나름대로의 용처가 따로 있어 하나라도 소홀히 하는 날이면 크게 불편을 겪게 되는 것이다.

빈 주머니의 용도는 주머니 임자의 뜻에 의해 정해지지만, 그러나 이를 무시하고 가령 돈을 넣으면 금고가 되고, 편지를 넣으면 우체통이 되고, 책을 꽂으면 서가가 되지만, 다시 칼을 꽂으면 무기고가 된다. 물론 보물을 담으면 보물함이 될 것이다. 보물함이라 하니 생각나는 것이 있다.

내 어릴 때 우리 할머니의 속바지에 달린 호주머니는 정말 보물함이었다. 그 속에서는 내가 원하는 것은 다 있었다. 나의 주전부리를 위하여 동전이 준비되고, 내가 흘리는 콧물을 닦아줄 손수건이 있고, 알사탕, 떡조각, 곶감, 대추, 밤, 오징어 다리, 낙지꽁지 등 맛나는 주전부리는 거기에 다 있었다. 동네 잔칫집에라도 다녀오시는 날에는 사랑하는 손주를 위하여 속주머니를 가득 채워두었다가 때때로 손주의 입을 즐겁게 해주셨다. 할머니의 속바지 호주머니는 내 유년 시절에 가장 감격적인 마술사의 요술상자였던 것이다. 요새도 호주머니가 내게 요술쟁이가 된다. 분명히 돋보기 안경을 호주머니에 넣었다 싶었는데 없어진 것이다. 이쪽 저쪽 위쪽 아래쪽 호주머니마다 손바닥으로 쳐보지만 더듬어지는 게 없다. 조용한 곳에 가서 호주머니에 든 모든 재산을 다 끄집어 놓고 살펴보아도 안경이 오간데 없다. 집으로 되돌아가야만 되겠다고 일어서 우연찮게 얼굴을 더듬다 코 끝에 얹혀있는 안경을 발견하게 된다. "원. 내 정신도." 업은 아이를 찾는 격이니 이를 어찌하랴. 먹은 나이가 웬수스럽다. 허나 호주머니의 간수는 꼼꼼히 챙기고, 호주머니의 단속은 엄히 할 일이다.

우리는 친한 친구끼리 술을 마시다가 자기 호주머니가 바닥이 나면 옆 친구의 호주머니를 엿본다. 화투놀이를 하다가도 자기 밑천이 떨어지면 옆 친구의 호주머니를 엿본다. 어찌 되었건 남의 호주머니를 노리는 것은 음침한 일임에 틀림없다. 아무리 쓰리꾼은 아니라 할지라도, 음주도중 호주머니 사정이 여의치 않으면 슬며시 먼저 일어나 계산대를 통과하는 것은 괜찮은 계책이다. 내 실수라기보다는 나의 호주머니가 나의 점잖은 체면을 다 깎아 놓았다고 생각하면서, 뒷꼭지를 긁으면서 나오면 그만이다. 빈 주머니를 어디 나만 차고 다니는 것인가. 어머니 뱃속에서 나올 때 설마 주머니 차고서 나왔을까. 아무리 호주머니가 부富의 상징이라고는 허나 어디 수의에 호주머니 달린 것 보았나?

편지

과거사라고 다 아름다울까만 그러나 사춘기에 있었던 실연失戀의 아픈 상흔이 아름다움으로 남는 것은 무슨 이유에서일까. 난생 처음 이성에 눈을 떠서 한 여자가 여자로만 아니 보일 때 우리는 이를 두고 사춘기思春期라 부른다. 사춘기에 접어들면 남녀가 다를 바 없지만 이성 간 아리따운 얼굴들이 눈에 아롱대고 뭔가 모르게 남녀 어느 한쪽이 고적함을 느끼며 점점 어느 한 여성, 어느 한 남성에게 마음 쏠려지면서 결국 그 사람에게 낙점이 찍혀지고마는 것이다. 내 사춘기의 경험으로는 낙점이 찍힌 여성의 몸의 어느 한 부분이 유난스레 아리따워 보였다. 가령 귀 밑 흰 목덜미라든지, 양볼에 패인 보조개, 도톰하게 부풀은 유방, 토마토처럼 휘어진 곡선미의 엉덩이, 심지어는 아래턱 어디께 붙은 까만 점까지 그녀의 특정한 육체의

한 부분이 매력적으로 보이는 것이다. 똑같은 부위, 똑같은 것이 달려 있어도 그 사람의 그 곳이 아름답게 느끼도록 한 것은 아마도 신이 당사자끼리 사춘의 눈을 띄우는 것이 아닌가 한다.

내가 찍은 여성 육체의 부위는 엉덩이였다. 치마를 훔치고 쪼그리고 앉은 소녀의 뒷모습이 마치 동그란 토마토마냥 매력 포인트로 인상에 박혔다. 어린 티를 벗어나면서 아랫배꼽에 물이 오르고 겨드랑이에 까슬까슬 털이 솟아날 무렵 소녀의 가슴속 깊은 곳에서 안개 같은 그리움이 고즈넉이 자리를 잡았다. 비록 순진한 촌동의 가슴이지만 봄빛이 깃들고, 그리움으로 채워진 앙가슴의 맥박은 요동쳤고, 그리메로 다가선 시선은 어느덧 특정한 소녀의 뒷 둔부에 가서 꽂혔다. 임을 향한 쥬피터의 화살촉이 깊이 박히면 박힐 수록 그녀의 뒷부분은 더 아름다워 보였다.

봄날 갓 핀 복숭아꽃처럼 발그레 총각의 가슴에 사랑꽃이 활짝 피었다. 사모의 정이 깊어가 사랑앓이가 되면 행복하다 못해 즈믄 밤을 한숨으로 지샐 적이 많았다. 초연의 사랑병은 약도 없다 하지 않았던가. 아무리 예외가 아니라고 믿지만 나는 마치 암내를 맡은 숫캉아지처럼 꼬리를 내리고, 발은 공중에 떤 채 다니고, 양볼은 까칠하게 야위어 그 초라한 몰골은 금세 사랑의 화살을 맞은 표토를 냈다. 소녀의 가슴팍 안에 오직 나 한 사람만이 뿌리를 내리고, 또 나 한 사람만을 그루터기로 삼아주길 애달피 소원했던 것이다. 안달로 치닫던 사춘기의 고뇌는 쑥물보다 더 쓴 것이었고, 혼자 앓는 사랑앓이는 입술을 까맣게 태웠다. 그리움이 가슴속에 서리어지면 속이 매슥거려 입맛부터 떨어진다. 마치 암내를 맡은 수캐가 상심으로 인하여 끼니를 거들떠보지 않는 것처럼 입맛이 떨어진다. 황량히 비어 있는 가슴을 채워 줄 수 있는 것은 오로지 가무잡잡한 그 가시내 하나 뿐임을 어찌하랴.

중학교 2년생, 열넷의 소년, 풋살구가 노리는 대상은 기껏 열셋의 순박한 소녀 동급생이었다. 고향의 촌 중학교에 다닐 때 남녀공학반에 있었던 사건이다. 아직도 귀때기가 새파란 풋가슴의 순정이 그토록 나를 목마르게 했다. 시절이 시절인 만큼 당시 어린 나이에 누굴 사랑한다는 것은 여간 깜찍한 사내가 아니면 감히 엄두를 못 낼 일이었다. 요새 와 생각해보면 여자에 관한 한 내가 어지간히 조숙한 머슴애였나 보다. 또 하나 생각키우는 것은 연애편지를 전달하는 문제다. 연애편지는 쓰기도 어렵지만 그것을 전달하기란 더 어렵다. 연애편지를 전달하다 선생님에게 다들리는 날이면 학교에서 퇴학의 지엄한 벌을 받는 때였다. 그러한 삼엄한 경계를 뚫고 연서를 전달하는 것은 여간 당찬 사내가 아니면 꿈도 꿀 수 없었다. 당시 연애를 한다는 것은 목숨을 건 사건이라해도 과언이 아니었다. 안쪽 속주머니에 연애편지를 지니는 것부터가 모험이었다. 이제사 고백하는 바이지만 꼬깃꼬깃 구겨진 편지를 호주머니에 감추고 다녔던 세월이 근 1년이란 긴 세월이었으니, 그

동안 고심이 오죽했을까 가히 짐작이 갈 것이다. 두려움과 설렘은 죽을 맞이었다. 차가운 두려움과 땃땃한 설렘이 한 가슴 속에서 싸워서, 설렘이 지는 날에는 그 편지를 찢어버릴까도 했지만, 그러나 또다시 그녀를 향한 설레는 마음이 나에게 용기를 주었다. 한편 몰래하는 사랑앓이가 두려웠길래 더욱 짜릿했을는지도 모르긴 하지만.

소녀의 엉덩이가 점점 크게 확대되어 내 눈앞에 나타날 그 무렵, 나는 모험을 하여 대사건을 감행하기로 결심했다. 전 학급생이 체육시간이 되어 운동장으로 나갔다. 나는 배가 아프다는 핑계를 대어 교실로 돌아와 속주머니 속 꼬깃꼬깃 구겨진 편지를 그녀의 책갈피에 얼른 끼워 넣었다

독자 여러분! 그때 덜컹거리던 내 가슴의 파고를 짐작하실 겁니다. 뒤에 누가 큰 기침이라도 한번 하는 날이면 오줌을 찔끔 싸고 까무라쳐버렸을는지 모릅니다. 처녀의 마음을 도둑질하려는 사내의 모험이 어떤 것인지 실감하리라 믿습니다. 그런 일이 있은 후, 소녀는 어찌 되었을까요? 그것은 독자 여러분의 상상에 맡기겠습니다. 어찌 되었든 그 일이 있은 후 두 사람은 부끄러워 고개를 들지 못하고 상대방 쪽을 바라볼 수 없어 절절 기었다. 행여 어느 한쪽이 바라본다 싶으면 얼른 고개를 숙이는 것이 고작이었다. 연서의 내용을 공개할 수는 없지만 편지 끝부분에다 분명히 15일 오후 5시 성밖 고개 너머 느티나무 밑에서 만나자고 일시와 장소를 지적해 놓았다.

드디어 약속한 날짜가 되었다. 솔직히 말해서 나는 비관 반, 낙관 반의 회의의 가슴을 안고 약속 장소에 나갔다. 그러나 뛰는 가슴이라기보다 과시 울먹이는 가슴이라는 표현이 맞을 것 같다. 일찍이 기다림이 이렇게 피를 말리는 건지는 미처 몰랐다. 그러나 그 느티나무 밑의 기다림이 해 저무는 오랜 시간이었으나 끝끝내 그녀는 나타나지 않았고, 봄볕에 갓 솟아난 보리싹같이 새파란 나의 희망은 무참히 된서리를 맞았고, 나는 그 후 고개 숙인 사내가 되고 말았다. 이렇게 해서 나의 사춘기의 첫 프러포즈는 비련으로 끝을 맺었고, 나는 그 엉덩이가 인상적인 예쁜 가시내의 풋가슴을 여는 데 끝내 실패했다. 더욱 가슴 아픈 것은 그녀가 그 후 학교를 그만두었다는 사실이다. 허나 이루지 못한 짝사랑일망정 아름다운 것임에 틀림이 없었다.

얼마 전 일이다. 서가를 뒤지다 낯선 책 한 권이 눈에 띄었다. 책 껍질이 누렇게 바래진 중학 2년의 도덕(수신) 책이었다. 하도 오랜만에 본 책이라 관심이 있어 껄적껄적 책장을 넘겨 보았다. 그런데 책장 속에 뜯지 않은 편지 한 통이 나왔다. 나는 순간 호기심이 발동하여 봉투늘 쭉 찢었다. 아뿔싸. 이를 어찌하랴. 분홍빛 편지지에 적혀 있는 사연은 이러했다.

도창회 씨에게

보내준 편지 잘 보았어예. 저도 도씨를 좋아해예. 성밖

공원 느티나무 밑은 사람들의 내왕이 많으니 성밖의 다리 밑으로 오세요. 거기서 기다릴게요.

○○○올림

지나간 날이 애달프지만 어찌하랴. 도덕 선생님이 갑자기 전근을 가버려 그녀의 답장을 못 본 것이다. 성밖 느티나무 밑과 성밖 다리 밑은 불과 2백 미터도 안 되는 거리였다. 나는 놀란 가슴을 혼자 억제하느라 몇 개비의 담배에 연거푸 불을 붙였다.

금달래

영남사람 치고 웬만히 나이를 먹은 사람 중에 대구의 금달래를 모르는 분은 별반 없을 줄로 안다. 금달래를 직접 보지는 못했어도 소문이라도 한 번쯤은 모두 들었을 법하다. 금달래는 여자 미치광이로 워낙 그 유명세가 붙어 다녀 대구의 금달래를 모르면 영남인이 아니라 할 정도로 널리 회자된 비렁뱅이기도 하다.

왕년에 어느 도지사나 어느 군수를 지낸 분의 존함尊銜은 기억하지 못했다. 그러나 대구에 사는 아무개 걸뱅이, 금달래의 함자銜字를 기억하지 못하는 분은 없을 정도이니, 금달래의 명성은 과시 하늘을 찌를 듯 높이 솟지 않았나 싶다. 안할 말을 하는 것 같다만, 만약 유명세로 지방문화재를 발탁한다면 금달래는 대구의 저명한 인사로 능히 그 등참에 들 만한 위인이기도 하다. 내 생각이지만, 군에서 발간하는 군지郡誌나 도에서 발간하는 도지道誌 같은 책에 좋은 분만 등재하여 그 실록을 기리지를 말고, 좀 안 좋은 분도 거명하여 유명세에 따른 그이 행장行狀을 소개해보는 것도 괜찮으리라고 본다. 왜냐하면 인물 본위를 명성에 둔다면 악명이 높은 인물도 명성임에는 틀림없기 까닭이다.

세상사 살다보면 콩 심은 데에 더러 팥도 나고, 또 팥밭에 더러 콩이 솟아날 적도 있고 보면 어찌 천편일률적으로 팥밭에 팥만 기대할 수 있으랴. 가끔은 팥밭에 엉뚱스레 난 콩이 행세깨나 할 적도 있으니깐 하는 말이다.

그러면 그 이름도 찬란한 대구의 슈퍼 걸뱅이, 금달래는 어떤 미치광이인가? 내가 어릴 적 귀에 못이 박힐 정도로 자주 들어오던 금달래이건만서도 그 금달래가 아직 살아있는지, 또는 이미 세상을 떠났는지 그것조차 분명치 않다.

요새 나는 이 금달래에 대한 환상에 사로잡혀 마치 귀신 씐 사람처럼 멋쩍게 고향친구 몇 사람에게 전화를 걸어 금달래를 본 적이 있느냐고 물었더니, 친구들은 대답 대신 나를 좀 이상히 여겨 나의 정신 상태를 먼저 점거하려고 들었다. "자네, 요새 머리가 어떻게 된 것 아니여. 그 미친년의 안부는 왜 묻나?" 하며 나의 안신을 수상쩍어했다. 그도 그럴 것이 아닌 밤중 홍두깨라더니 나의 의중을 간파하지 못하고 보면 하필이면 미친년의 소식을 묻는 내가 의심스러울 수밖에. 내가 한참씩이

나 걸려 질문하는 동기를 설명하고 나면 그제야 이해를 하고 대답하는 말은 기껏 '잘 모른다.'는 한 마디뿐이다.

아무려나 금달래는 영남인들에게는 어떤 베일에 싸인 신화의 여주인공처럼 아련한 그리메로 남아 있다. 나 역시 일찍이 대구 근방 촌지방에서 태어나 금달래란 미치광이 소문만 들었지 자세히 본 적은 없고 보니 별로 거들 말이 없다. 다만 이미 작고하신 나의 자당慈堂께서 과년한 딸들의 옷매무새가 흐트러진 것을 보시고 "미친년, 꼭 금달래 꼬락서니 같다."며 말꼬리를 잡고 늘어지시던 일을 기억할 따름이다. 자당께서 진노하셔 대구의 금달래를 거명하며 끼고들 때마다 나는 도대체 금달래가 어떻게 생겨 먹었을까 하고 궁금했지만.

금달래는 분명 한 여자광인을 일컫는 말이지만 그게 성과 이름 두자인지 아니면 금달네가 금달래로 발음되어 마치 택호宅號를 붙인 금달댁처럼 금달 출신의 아낙이란 호칭인지 내처 모를 일이다. 좌우간 그 이름도 고운 금달래, 그는 어디서 태어나, 어디서 자랐으며, 왜 저렇게 미치게 되었는지 그 연유를 아는 사람이 없다.

헌데 아득히 기억되는 바로는 그 미친 여자, 금달래가 남정네를 좋아한다는 사실이다. 마치 도깨비 모양으로 산발한 여자미치광이가 저잣거리에 설설 끓고 있는 국솥 아궁이 앞에 퍼질고 앉아 불을 쬐다가 마침 그 곁을 지나가는 남정네가 좀 준수하다 싶으면 그만 그의 뒤를 좇아간다는 것이다. 미치광이 치고는 낭만적인 데가 없지 않았다. 아마 그녀가 그토록 미치게 된 사유에도 남녀의 사랑과 결코 무관하지 않을 거라 뵈지만 그것도 확증이 없는 마당에 믿을 것은 못 된다.

내가 다녔던 고등학교가 대구의 큰 시장가에 있었다. 어느 날 하굣길이었다. 대구의 달성공원 근처를 지나오는데 뒷길 사거리 빈 터에 많은 남정네들이 웅성거리며 모여 있었다. 나는 무슨 일인가 싶어 좌중을 비집고 기어들어갔다가 기겁을 하고 물러나왔다. 군중이 둘러싼 그 맨 안쪽에 놀랍게도 발가 벗어 알몸이 된 여자 한 사람이 놓여 있는 게 아닌가. 나는 너무나 당황스럽고, 너무나 무안하여 얼굴을 붉히며 급히 그 자리를 박차고 나왔다. 얼떨결에 당한 수모이긴 하지만 발가 벗고 있는 여자의 알몸을 본 아찔한 그 충격은 오래도록 지워지지 않았다. 눈에 든 가시처럼 아프디 아픈 까끄라기였다. 뒤에 안 일이지만 그때 내가 본 여인이 바로 금달래였던 것이다. 나는 너무나 당혹한 나머지 그 미치광이 얼굴이 미색인지, 박색인지 미처 살필 겨를이 없었다. 그래서 오늘까지 금달래의 용모가 미인인지, 아니면 추녀인지 구분을 할 수가 없는 바가 되었다. 다만 영광스럽게(?)도 내가 난생 처음 여자의 완라完裸를 본 것은 금달래이었음은 말할 것도 없다. 이것도 뒤에 안 일이지만, 대구의 금달래는 옷을 잘 벗기로 유명한 광인이기도 했다. 사람이 미치게 되면 제 정신이 아닌 이상 무슨 짓을 못할까만, 하필이면 홀랑홀랑 옷을 잘 벗는 광인이라니 참으로 알

다가도 모를 일이었다. 젊었을 때 어떤 치정관계라도 있었던 게 아닐까 하는 의문은 들지만, 확증이 없고 보니 그것도 근거 없는 낭설이 되고 말 것이다. 하여튼 그녀는 미쳤으면서도 미남의 남자라면 침을 겔겔 흘린다고 했다. 그리고 남정네가 꾀면 말을 잘 들었다고 했다. 그러나 여자의 말은 귀에 담는 법이 없다고 했다.

짓궂은 남자들이 한 무더기 모여서, 그 모듬 총 중 어느 한 사람이 나서서 금달래더러 "야 금달래야, 니 참 이쁘구나. 니 옷 좀 벗고 그 이쁜 몸을 좀 뵈주라. 응?"하고 치켜세워 꼬드기면, 처음에는 부끄러운 듯 엉덩이를 비틀다가 자꾸만 치켜올리면 그만 자기가 정말 예쁜 사람으로 착각을 하고선 입이 헤벌쭉 벌어지면서 입고 있던 누더기를 한 까풀, 두 까풀 벗어던진다고 했다. 옆에서 견학을 하고 있던 괴짜 남자가 "아랫도리도 마저 벗어라. 아이 금달래 이쁘지."하고 꼬이면 그녀는 입 꼬리가 귀에 가 걸리면서 슬쩍 마지막 속옷조차 아래로 내린다고 했다. 아무리 미쳐서 하는 행동이라고는 하지만 이를 보고 즐기는 몹쓸 남정네들은 어떤 사람들이었을까. 철면피한 얼굴들로 여인이 옷 벗는 장면을 헤벌레 얼이 빠져 바라다보고 있는 남정네들의 모습을 상상해보면 과시 혼 나간 수캉아지의 그것과 무엇이 다르랴. 요새 같으면 성폭력배로 몽땅 감방으로 보낼 추물들이 아니고 무엇이랴.

그렇다. 남정네들이란 음흉하기가 이를 데 없어 금달래가 토탈 어라이브 누드 쇼를 벌이는 동안 그녀의 천진스런 동작 하나하나에 눈독을 들이고 아마 정신을 잃었을 게다. 맨 처음 겉옷으로부터 시작해, 먼저 저고리 옷고름을 풀고, 다음은 겉치마의 끈을 끄르고, 그 다음은 친친 동여매었던 속바지의 끄나풀을 끌러 바지말기를 서서히 내리고 있을 때 금달래의 그 천연스런 동작에 좌중이 얼마나 흥분을 했을까 싶다. 얼마나 고소했을까 싶다. 최후로 금달래의 그 토실토실한 육체가 드러날 때쯤은 아마도 거기에 모인 모든 남정네들은 마치 혼이 쏘옥 빠진 강아지처럼 손 둘 데를 몰랐을 것이다. 남정네들의 치기稚氣란 정말 못 말릴 일이다. 죽어 좋은 곳에 가기는 다 틀렸다.

이로 인하여 금달래는 남성들에게는 그토록 즐거운 유명세가 붙게 되었고, 이로 인하여 여성들에게는 그토록 얄미운 존재가 되었던가 보다. 옛적 나의 자당께서 딸들의 옷매무새를 단속하시며 대구의 금달래를 그렇게 못마땅하게 여기시던 그 소이를 조금이나마 이해가 될 듯하다. 나 또한 어릴 적 우연찮게 금달래의 알몸을 훔쳐본 죄로 인하여 오늘 이렇게 아련한 그리메로 금달래를 향한 어떤 환각에 얽매이고 있나 보다. 아아, 비록 미쳐 있어도 늘 사랑의 환각에 빠져 있는 그녀는 얼마나 행복한 사람인가. 나는 가만히 혼자 얼굴을 붉힌다.

돌음길[迂廻路]

내가 지금 살고 있는 동리에 새 길이 하나 났다. 새 길이 트여 옛날에 있던 구 길이 그만 돌음길[迂廻路]이 되고 말았다. 옛길은 빙 멀리 돌아야 하니까 거리를 좁혀 지름길로 가려고 새 길을 낸 것이다.

나는 새 길을 놔두고 돌음길로 다닐 적이 많다. 조금 멀리 두른다 싶어도 옛적 다니던 길의 풍경이 낯이 익고 또 옛정이 남아 그리로 자꾸만 발걸음이 옮겨지는 것이다. 옛길은 더 편안했다. 원래 내 성미가 옷도 새 옷보다 입던 헌옷을 입어야 편안하게 느껴졌다. 그뿐만 아니라 돌음길은 사람의 왕래가 없으니 한적하고, 또 길을 걷다 돌팍 위에 앉아 잠깐 쉴 수도 있고, 뭔가 좀 이상스런 짓을 해도 인적이 뜸한 곳이라 보는 사람이 없고, 뭔가 조그마한 자유 같은 것을 느낄 수 있을 것

같아 좋다.

허나 돌음길은 외로워 보인다. 그 외로움은 그 길을 걸어본 자만이 안다. 옛적 그렇게 많은 사람들이 빈번히 다니던 길이었건만 그러나 새 길이 나고부터는 아무도 돌아보는 이가 없다. 허기사 편안하고 가까운 지름길을 두고 누가 먼 길을 돌아가려고 하겠는가? 헌데 사람들은 옛길을 폐기하지 않고 돌음길로 그냥 두었다. 아마도 내 생각이지만도, 혹여 새 길이 막히거나 무슨 통행이 변고라도 생기면 쓸 몫이 있을까 봐 놔둔 것 같다.

돌음길. 새 길이 밀려난 돌음길, 그 신세가 외롭다 못해 가엾다는 생각마저 든다. 한때는 사람들의 잦은 왕래로 문전성시를 이루어 북적대는 길이 아니던가? 이젠 인적이 끊기고, 길 위에 온갖 잡풀이 솟아나고 흙이 패여 길로서는 무용지물이 되어버린 길, 아무도 안 돌아보는 세월의 뒤안길이 되어버렸다. 더 오랜 세월이 지나면 길의 자취도 없어져 천연의 모습으로 돌아가리라. 언젠가는 나도 저런 천연의 모습으로 돌아가리라고 생각하니 어깻죽지가 슬며시 내려앉는다.

나는 이 돌음길 한 중간쯤에 후미진 곳의 나무 그늘에 주저앉아 쉬는 버릇이 있다. 담배개비에 불을 붙여 물면 세상 편하다는 생각이 든다. 이만한 분복도 쉽지 않다 싶어 한참 쉬어갈 요량으로 다시 다른 담배 개비에다 불을 옮겨 붙인다. 담뱃불이 점점 타들어가는 것을 바라보고 있노라면 어느덧 주위가 고적해져 콧물을 연신 들이마시며 고독감에 젖는다. 금세 한가롭다 금세 고적해지는 것을 보면 인간의 마음이 얼마나 사특한가를 느끼게 된다. 아마도 살아온 날들에 대해 무슨 유한遺恨이 남아 그런 건가. 세월이 우려낸 찌꺼기를 말끔히 씻어버리지 못하고 줏대 없이 기웃대고 있는 내 못난 푼수가 미웁기도 한 순간이다.

사실 내가 이 돌음길을 좋아한 것은 단지 그 옛정 때문만은 아니다. 내가 살아온 인생사가 흡사 이 돌음길 같은 신세였음을 고백하지 않을 수 없다.

나는 언제나 뒷북을 잘 치는 사람이다. 매사에 남이 다 거쳐 간 뒤를 뒤늦게 좇아가는 것이다. 모모이 하는 짓이 늦바라기다. 때가 되면 될 테지 하고 기다린다. 할 말은 아니지만, 심지어 다 받아놓은 밥상도 기다리다 남에게 빼앗기고 뒤늦게 후회하는 위인이니 도무지 감당이 안 되는 사람이다.

더 웃기는 일은 제법 나 혼자 깝죽대던 일도 나중에 보면 남이 다 떠나고 없는 길에 혼자 남아 뒷북을 치고 서 있는 것이다. 얼마나 어이없는 노릇이냐. 나 혼자 실없이 웃으며 시무룩해 하는 것은 더 가관이다.

그러나 내가 의도적으로 뒤지려고는 안 했지만, 내 딴은 잘했다는 것이 언제나 돌음길인 것이다. 세상사에 매끄럽지 못하고, 남은 다 새로 난 지름길을 택해 가버리고 없는데 나 홀로 옛길을 돌아가고 있다. 그것도 천방지축 깊은 곳 얕은 곳을 구분 못하고 마냥 어긋지게 뒷길만 고집하고 있는 반편이를 어쩌랴. 정말 못 말릴 사람이요, 정녕 구제불능의 위인인 것이다. 아서라, 제 버릇 개 주지 못한다는 말이 있거늘 뒤늦게 한한들 무슨 소용이 있으랴. 미국의 시인 '로버트 프로스트'는 〈가지 않은 길〉을 시로 썼다. 그러나 나는 아무도 가지 않는 길을 가는 게 아니라 '쓰다 버린 돌음길'을 혼자 꾸벅꾸벅 가고 있으니 얼마나 한심한 인사인가. 뒤돌아보면 내가 걸어온 인생은 매사 매양 돌음길만 돌아 돌아 온 게 아닌가 한다. 어찌 매끄럽게 못 살고 가까운 길을 눈 앞에 보면서 둘러 둘러 먼 길을 돌아다녔을까 싶다. 우회로迂廻路를 좋아하는 팔자가 따로 있는 건가. 편벽偏僻이 아니라 천태성이 그러한가?

새 길이 밀려난 돌음길이 혹여 뒷날 쓸모라도 있을까 봐 폐기하지 못하고 남겨 놓았다면 나 같은 돌음신세의 사람에게도 얼마나 다행한 일인가. 비록 뒷북을 치는 돌음길이라도 훗날 찾아주는 방문객이 더러 있을 게 아니겠는가.

갈 만큼 간 세월, 먹을 만큼 먹은 나이에 해묵은 후회를 한들 무슨 소용일까만 인적 끊긴 돌음길 위엔 썰렁한 바람이 분다. 낙엽이 쓸쓸히 진다. 길 따라 세월은 흐르고 나도 그 길 따라 흘렀다. 언젠가는 흐르던 세월이 멈춰지면서 가던 길이 끝이 보일 때 나는 말하리라. 길만 흐른 것이 아니고 나도 함께 흘렀노라고. 그리고 쓸쓸히 말하리라. 나는 아무도 안 돌보는 돌음길을 혼자 돌아갔었노라고.

껍데기의 노래

껍데기는 아프다. 가슴이 터질 지경이다. 빈 껍데기가 무엇을 바라 목숨 바칠 일이 있으려나. 껍데기가 갈 곳은 어디란 말인가. 고작 향하는 곳이 어둑한 내 가슴팍 안이란 말인가. 껍데기의 허무가 가슴을 친다. 아리게 가슴을 후벼 판다. 껍데기는 뭐라 해도 껍데기가 아니던가.

그러나 껍데기도 할 말이 있다. 할 말이 남아 있다. 한 때는 쩌렁쩌렁 청산을 호령하던 호피虎皮가 아니던가. 여우 껍데기, 수달 껍데기, 심지어 다람쥐 껍데기까지 제각기 할 말이 있다. 악어나 뱀의 껍데기가 돈지갑이 되고, 양피羊皮가 옷이 되고, 우피, 마피, 돈피가 신발이 된다. "껍데기도 껍데기 나름이 아니겠나." 껍데기도 할 말은 있다.

알갱이가 쏘옥 빠지고 남은 빈 껍데기를 바라다본다. 청춘이 가버린 노인, 밑천을 까먹은 장사치, 발기부전증에 걸린 사내, 전쟁 터에서 자식을 잃은 어버이, 밑창 없는 신발, 엔진을 들어낸 중고차 등 빈 껍데기들이 온통 가득 널려 있다. 껍데기 인생들은 얼핏 눈요기로도 실속이 없다. 껍데기만 남은 지난 세월의 두께가 실감나게 애꿎고 한스럽게 느껴지는 순간이다. 어루만지고 나니 허공뿐이다.

허나, 껍데기의 전제前提는 알맹이가 있었다는 표증, 껍데기 없는 알맹이가 어떻게 존재할 수 있느냐고 반문하고 싶다. 얕잡아 볼 것이 아니다. 외피外皮가 없으면 내실內實도 없다는 말이 지당하게 맞는다. 채우지 못한 껍데기는 없다는 말이겠다. 거기다 요즘은 껍질에 자양분이 많이 들어 있다고 TV에서 떠든다. 과일 껍질, 옻나무 껍질, 나무 껍질에 자양분이 거하다고 한다. 귤 껍질, 계수나무 껍질, 옻나무 껍질 등 일찍부터 약용으로 쓰는 것들도 무수하다. 어쩌면 껍질이란 껍질은 모두 제 나름의 효험이 있는 성싶다. 껍질이 괜히 생겨났겠느냐는 말이 설득력을 갖는다. 버려진 알속보다 더 많은 영양가가 들어 있다고 하니 껍질을 사랑하는, 이른바 '껍질 시대'가 도래한 것은 아닌지.

껍질과 껍데기의 차이는 얇고 두꺼운 차이다. 껍데기의 허세 또한 결코 무기력이나 공허한 것으로 치부될 수 없다. 호피는 죽어서도 위력을 발산한다. 그 위력은 유보되어 아직도 유효하다. 간혹 아버지를 '껍데기'라고 호칭한다. 대그룹 회사의 사주를 '껍데기'라고 부르기도 한다. "우리 껍데기가 외국으로 도망갔다."라고 말하면 금세 알아차린다. 가장이나 사주 등 큰 자리 권위의 상징이 '껍데기'로 대치된다면 안 될 것인가? 아무튼 껍데기는 알속을 감싸안고 또 포옹하는 입장에 선 존재로 군림한다.

그렇지만 껍데기는 껍데기에 불과하다. 어느 누가 껍데기를 알갱이에다 비할까 보냐. "빈 껍데기의 존재 이유가 있다면 그건 쓰레기통으로 가는 일이다."라고 강변한다. 알속을 끄집어낸 빈 상자, 빈 껍데기는 고물장수의 차지다. 껍죽대는 빈 껍데기는 우리 사회에 개밥에 털과 같은 존재고, 개털은 천대를 받아 마땅하다고 우긴다. 거리에 개털 같은 존재들이 득실거린다. 때깔이 번지르르한 빈 껍데기들, 개털들이 득실거린다. 가차 없이 휴지통이나 쓰레기통으로 직행해야 할 껍데기, 껍데기, 껍데기들이…. 껍데기는 가라. 써억 꺼져 버려라!

양파의 껍질을 까고 있는 모습을 바라보고 있노라니 오만상이 머릿속을 스친다. 벗기는 쪽의 고통, 벗기우는 편의 아픔, 연상은 자유다. 껍데기를 벗은 도둑놈, 껍데기를 그리워하는 양아치 족속, 껍데기를 감추고 살아가는 정상모리배, 껍데기의 이미지는 알 듯 모를 듯 다양하다. 실체를 들여다보기 위해 양파껍질 까듯 그들의 껍데기를 까볼 수 없을까 하고 혼자 웃고 서 있다.

껍데기는 가라. / 사월도 알맹이만 남고 / 껍데기는 가라.

껍데기는 가라. / 동학년 곰나루의, 그 아우성만 살고 / 껍데기는 가라.

그리하여, 다시 / 껍데기는 가라. / 이곳에선, 두 가슴과 그곳까지 내논

아사달 아사녀가 / … 중립의 초례청 앞에 서서 / 부끄럼 빛내며 / 맞절할지니

껍데기는 가라. 한라에서 백두까지 / 향그러운 흙가슴만 남고 / 그, 모오든 쇠붙이는 가라.

– 신동엽의 〈껍데기는 가라〉 전문

이 노래를 뇌이고 있으면 괜스레 눈물이 인다. 그 서슬이 시퍼렇던 시절에 목청껏 불러보던 노래가 아니던가. 4 · 19세대 대학생 시절은 이 노래 하나로 대변된다. 나 또한 그 세대였다. 맞절을 올린 사람 중에 나도 끼었다. 껍데기를 치우기 위해 최루탄의 눈물 가스 속을 헤매던 나였다. 책가방을 안고 저항의 깃발을 앞세우고 거리를 내달리던 그때의 내 모습을 상상해 본다.

아직도 여전히 껍데기는 존재한다. 그 지긋지긋한 껍데기는 존재한다. 변질된 허울을 뒤집어쓴 채 껍데기가 활개를 치면서 백주에 쏘다닌다. 쓰레기통으로 직행해야 할 껍데기, 껍데

기, 껍데기들아…. 껍데기는 가라. 써억 꺼져라.

나는, 껍데기도 할 말이 있다고 강변하는 쪽과 빈 껍데기가 무슨 할 말이 있느냐고 딱 잡아떼는 쪽 그 사이에서, 아니 껍데기의 허울을 벗으라고 삿대질을 하는 쪽과 무슨 허울이 있느냐며 맞장구를 치는 쪽 그 사이에서, 혼자 웃고 서 있다. 껍데기가 껍데기를 보고서 껍데기라고 부르는 "에라 손…."

쓰레기통으로 직행해야 할 이 변질한 껍데기, 껍데기, 껍데기들아…. 껍데기는 가라고 혼자 속으로 '껍데기의 노래'를 부르고 서 있다. 사월은 내게 가장 잔인한 달이다.

아리랑

거나하게 막걸리 한 잔 걸치고, 갈 지之자 걸음을 걸으며 입속에 웅알웅알 흥얼거리며 씨부렁대는 노래, 그건 응당 '아리랑'이다.

아리랑 아리랑 아라리요 / 아리랑 고개로 넘어간다 / 날 버리고 갈라거든 썩 꺼져버려라 / 십 리는커녕 열 발짝도 못 가 발목이나 똑 부러져라.

입가에 침을 겔겔 흘리며 떠듬떠듬 노랫말을 주워 맞추는 주정꾼의 목소리는 어느새 쉬어 있었다. 그렇다. 우리가 가장 만만하게 부를 수 있는 노래가 아리랑이요, 우리가 가장 스스럼없이 대할 수 있는 노래가 또한 아리랑이다. 아리랑은 우리 민족정서를 닮아 있어 우리 모두의 푸념이고 타령이다.

아녀자가 모처럼 속앓이로 쇠주 몇 잔 거우르고 삐딱하게 게걸음으로 걸으며 꽥꽥 목청을 돋운다. 가난한 살림에 골몰스런 생활이 오죽했으랴. 간밤에 사사로운 일로 부부싸움이라도 한바탕 벌이고 눈두덩이 퉁퉁 붓도록 실컷 울고나서 그 속풀이로 부르는 노래는 응당 아리랑이다.

아리랑 아리랑 아라리요 / 아리랑 고개로 넘어간다 / 네 놈이 잘나면 얼마나 잘났냐 날 애먹이고 집 나간 놈 / 한 발짝도 못가 모가지나 똑 부러져라.

콧구멍 한쪽을 막아 코를 팽 풀고, 가래침을 택 뱉아내고 "어허 더럽다 더러워." 목대를 한껏 높여 한 말은 고작 그것뿐이다. 그래도 분이 안 풀렸는지 술을 핑계삼아 콧구멍을 벌름거리며 아리랑 한 소절을 더 읊는다.

아리랑 아리랑 아라리요 / 아리랑 고개로 넘어간다 / 네 놈이 가면 얼마나 갈까부냐 / 날 버리고 도망친 놈 벼락 맞아 죽을 거다 / 그제서야 콧구멍이 펑 뚫리고 속이 시원한가 보다. 그렇다. 아리랑은 답답할 때 목대 울리는 흥분제요, 그 흥분을 가라앉히기 위하여 먹는 진정제다. 아니 속이 아니꼬워서 소화가 안 될 때 먹는 소화제이기도 하다. 아리랑은 슬플 때도 부르지만 기쁠 때도 부른다. 기쁠 때 부르면 연가戀歌가 되고, 슬플 때 부르면 비가悲歌가 된다. 아리랑은 성인聖人의 거룩한 말씀이 아니라 한 질박한 소시민의 애소哀訴다. 항용 우리는 정이 많아 서러운 민족이라고 일컫는다. 정情이 변하면 한恨이 되고, 한이 서리면 분憤이 된다. 사실 더럽고 치사한 게 정이라더니, 정을 너무 많이 주면 왜 한이 쌓이는 줄을 모르나? 다정多情이면 다한多恨이라, 정 주어 속 끓일 줄 알았다면 주지나 말을 것을.

밀양아리랑, 진도아리랑, 정선아리랑 등 아리랑의 노랫말은 거지반 다 정에 연유한 한을 읊고 있다. 사실 아리랑의 가사歌詞는 한풀이의 내용이 많지만 그러나 그 한풀이는 시종 비극의 종말로 치닫는 게 아니라, 시간이 흐르면 다시 정情으로 환원하고 있음을 볼 수 있다. 원망이사 할 때 그때 뿐이지 술이 깨면 말짱하다. 내가 언제 그랬냐는 식으로 본색으로 돌아온다. 그렇게 밉던 지아비를 만나면 금세 "요보" "조보"하며 간살을 떤다. 간살을 떠는 양이 좀 치사한 데가 없지 않지만, 그러나 술이 시킨 짓이지, 절대로 사람이 시킨 짓이 아니라고 술핑계를 대며 능청을 떤다. 바로 그렇다. 우리는 아리랑이 있어 한을 삭이고, 분을 뭉갠다. 핑계야 한낱 빌미일 뿐 방귀가 잦으면 똥을 싼다는 말이 있듯 핑계가 잦으면 언젠가는 된 변을 보게 마련이다. 좋을 때 버릇 고치는 게 상책이다.

다음으로 아리랑은 팔자타령八字打令으로 이어진다. 팔자소관을 따지자면 어미의 뱃속에서부터 타고난 운명이 아니더냐. 늘어진 팔자가 따로 있나, 하루 밥 세 끼 챙기면 됐지. 어느 누군 개팔자라고 했나. 살다보면 음지가 양지되고 또 양지가 음지된다. 여자 팔자 뒤웅박팔자, 남자 팔자 개밥팔자. 여자는 잘난 남자 만나면 호강을 한다지만, 그러나 남자는 잘난 여편

네 만나면 개밥에 도토리밖에 더 되나. 사람의 한생 팔자가 왜 이리 불공평한지 모르겠다. 팔자 고쳐 개 줄까만 팔자에 없는 분수 찾다 안 망하는 놈 못 봤다. 물려받은 개똥논마지기 투전 놀아 다 까먹고, 급기야 제 여자 술장사로 내몰았으니 여자팔자 한 번 더럽다. 막걸리 몇 잔 팔면서 긴 소리 짧은 소리, 신 소리 떫은 소리, 싱거운 소리, 짠 소리, 개 소리, 닭 소리, 갖은 궂은 소리란 소리는 다 들으면서 살아가는 기구한 운명, 참 팔자 한 번 거세다. 손님이 따라주는 개평술 몇 잔 얻어 마시고나면 하늘이 돈짝만 하고, 술김에 똥창이 늘늘해져 부르는 노래는 역시 아리랑이다.

아리랑 아리랑 아라리요 / 아리랑 고개로 넘어간다 / 네 놈의 팔자는 개새끼팔자 / 내년의 팔자는 뒤웅박팔자 / 어디 할 짓 없어 술장사가 웬 말이냐 / 아니 좀 더 밸이 꼴리게 되면, 아리랑 아리랑 아라리요 / 아리랑 고개를 넘어간다 / 네 놈이 언제 날 봐 준 적 있나 / 네놈 천벌 받아 죽게 되면 / 얼씨구나 신발 거꾸로 신을란다.

맛 좀 보란 듯이 제 똥배짱껏 부른 노래지만 기실은 남편이 들었으면 매맞아 죽을 사설辭說이다. 그러나 뭣하면 대들 기세다. "사내면 대가리 뿔이 둘이람." 죽어 다시 태어나도 물장사는 안할 거라고 울먹인다.

그러니까 아리랑은 우리 아낙네들이 제 못난 팔자소관을 자탄하고 억울해 하는 애닯은 하소다. 사실 노래가사야 어떻게 지어 부른들 어떠리, 제 삶이 힘겨워 뱉는 넋두리인 것을. 차라리 귀엽다면 귀여운 투정 아닌가. 아니 그러한가. 하긴 술이 잘 팔려 몇 푼 호주머니 챙기게 되면 노래 가사는 금세 달라진다. 아리랑 아리랑 아라리요 / 아리랑 고개로 넘어간다 / 저 건너 물레방아는 물을 안고 돌고요 /우리 집 서방님은 나를 안고 돈다 / 얼씨구 좋아라, 오늘밤은 일찌감치 잠자리 봐야제 / 엉덩이를 틀면서 얄얄이를 떤다. 변덕이 죽 끓듯 한다. 그래서 아녀자는 턱에 수염이 없다하지 않은가.

아리랑은 기쁠 때 부르면 입이 벌어지고, 슬플 때 부르면 속이 터진다. 그렇다. 우리는 좋아도 아리랑, 미워도 아리랑, 싫어도 아리랑, 고와도 아리랑, 노여워도 아리랑, 더러워도 아리랑, 실로 아리랑 민족이다.

가난이 무슨 죄가 되리오만, 배곯으며 살아온 민족이길래 우리는 배고픔을 아리랑을 불러 달랬다. 아리랑 아리랑 아라리요 / 아리랑 고개로 넘어간다 / 아가야 배 고프걸랑 젖 달라 해라 / 네 애미 찬물 먹고 젖 만들 거다 / 하나님도 무심하지 저 어린 것이 무슨 죄요? / 가난의 설움은 가난한 자만이 안다. 배부른 자는 가난한 처지를 알 턱이 없다. 우리가 조국을 왜놈들에게 빼앗기고 얼마나 핍박을 받았던가. 당시 죽었으면 죽었지 항복 못하는 사람들은 북만주행 기차나 시베리아행 열차를 탔다. 조국을 잃은 설움을 가눌 길 없어 죽음을 택한 자가 한둘이었던가. 정든 조국을 등지고 망명의 길에 오른 그네들의 아픔을 오늘날 2, 3세들은 모르리라. 이국땅 밟는 발길에 왜 눈물이 없겠는가. 그 설움 어떻게 다 말하랴. 부모형제가 그리울 때는 제 살을 꼬집어 참지 않았던가.

아리랑 아리랑 아라리요 / 아리랑 고개로 넘어간다 / 고향의 부모님 안녕하세요 / 조국 잃어 떠나온 자식 용서하소서 / 혹시나 객사하게 되면 천당에 가서 편히 뫼시리다 / 오매불망 고향을 그리며, 부모님께 눈물로 불효를 사죄하는 갸륵한 충효의 얼이 아리랑이다. 서러움에 북받치면 아리랑을 부르고 나서 자주독립만세를 외쳤다. 세월이 무정해서 서러운 게 아니라 우리의 앞날이 안 보일 때 눈앞이 캄캄하다. 암흑의 굴레를 벗어나기 위해 애국지사들은 분연히 궐기했던 것이다. 그들에게는 삶을 죽음으로 바꾸는 데 서슴지 않았고, 오직 하나밖에 없는 목숨을 초개草芥와 같이 버릴 수 있음은 나의 존재도 조국의 다음이란 생각 때문이었고, 조국이 바람 앞에 촛불과 같을진대 어떻게 발을 뻗어 편히 잠을 잘 수 있으랴. 그들은 송두리째 행복을 구국救國에다 반납하고 분연히 일어나 총칼을 잡았던 것이다. 그래서 아리랑민족은 불굴不屈의 의지를 자랑삼았고, 무퇴無退의 용기를 가상히 여겼다.

그들의 그 의지와 그들의 그 용기로 인하여 조국의 광복은 어김없이 왔건만, 맑은 하늘에 벼락이라니 삼팔선이 왠 말인가. 이 지구상에 둘이 없을 동족상잔同族相殘의 애꿎음이 하필이면 왜 우리란 말인가! 삼팔선 베고 누워 죽는 한이 있어도 이래서는 안 된다던 김구金九 선생의 그 한맺힌 포원抱寃도 간 곳 없이 우리는 이렇게 반백 년을 살아왔다. 이산의 아픔으로 퍼렇게 멍든 자국이 응어리져 굳어갈 적 그 정 많은 우리 아리랑민족의 가슴팍에 한골인들 또 얼마나 깊이 팠으랴.

아리랑 아리랑 아라리요 / 아리랑 고개로 넘어간다 / 세월이 무정해 고향에 못 가나 / 그 세월 다 가려면 얼마나 남았나 / 부모님 돌아가시면 그 한을 어찌할꼬 / 이미 돌아가신 분에게는 어쩔 수 없이 죄를 지었지만, 이제라도 엇가슴 열고 꿈에라도 그리던 고향산천 찾아가 이산식구 만나야제.

하늘이 무심치 않아 뒤늦게나마 큰 만남이 있어, 꿈인가 생시인가, 이산의 벽이 무너져내리고 만남의 물꼬가 트이던 날 우리 칠천만 겨레는 함께 웃었다. 아니 이 지구 땅덩이도 함께 울었다. 철천지원徹天之寃의 통곡소리로 "아버지, 어머니." "형님, 동생아." 부르며 몸부림치던 그 광경을 화면으로 지켜보며 우리는 주체할 길 없는 눈물을 곱씹으며 속으로 소리 낮춰 아리랑을 서럽디 서럽게 뽑았다.

아리랑 아리랑 아라리요 / 아리랑 고개로 넘어간다 / 어쩌다 이렇게 늦었단 말인가 / 형님 동생아, 아버지 아들아, 나 여기 왔소 / 이제는 다시 찢어지지 맙시다 / 이로 인하여 우리 아리랑민족은 절대로 둘이 될 수 없다는 것을 알았다. 결단코 분단되어 '너는 너, 나는 나'가 될 수 없음을 알았다. 그리 크지 않은 국토가 반쪼가리씩 나뉘었을 때 우리의 설움은 긴 강줄기가 되어 가슴 한복판에 흘렀다. 우리가 누구던가, 의리義理 빼면 재가 되는 국민이 아니던가. 도리道理 빼면 시체가 되는 민족이 아니던가. 어찌 부모 자식 간, 형제 자매 간에 도리와 의리를 저버리고 살 수가 있단 말인가. 아리랑은 그 의리와 도리가 무너졌을 때 가장 서러운 노래다. 배달倍達의 얼이 시퍼렇게 살아있는데 동족끼리 내 몰라라 할 수 있는가. 굶어도 같이 굶고, 죽어도 같이 죽어야 할 숙명이 아니던가. 남북 연예인들이 무대 위에서, 남북 운동선수들이 스타디움에서, 남북 방송인들이 산꼭대기에서, 함께 손잡고 아리랑을 부를 때 우리의 가슴은 빠개지는 듯 눈시울이 뜨거웠다. 그렇다. 아리랑은 곧 우리 한 민족의 기나긴 한세월恨歲月을 연장해온 역사요, 한겨레가 지니고 온 뜨거운 얼을 표방標榜함이요, 불의不義에 대한 배척이요, 선의善意에 대한 옹호이다. 아니 자손만대에 이어갈 참[眞]의 본바탕을 이룸이다. 그 속에 우리가 생존할 이유가 들어 있어, 누가 뭐래도 우리는 아리랑 가락이 주는 숨결을 받아마셔야지 살 수 있는 민족이다. 그래서 아리랑은 생명의 진수眞髓가 미리내[銀河]되어 우리의 가슴천에 길이길이 흐르리라, 영원히 도도히.

아내의 남자친구

지난날의 추억은 누구에게나 아름다워보이는 법이다. 사람들이 나이를 먹게 되면 어릴 적 일들이 마치 꿈속을 거닐 듯 황홀해 뵌다. 별것도 아닌 과거사지만 한참 세월 흐른 다음 뒤돌아보면 그것이 마치 영롱한 무지갯빛 앙금이 되어 가슴 밑바닥에 흥건히 가라앉는다.

사람들은 저마다 추억이 있어, 잘난 사람은 제 잘난 추억이 있고, 못난 사람은 제 못난 대로 자기의 과거사가 있기 마련이다. 잘났든 못났든 간에 자기의 과거사는 자기 자신에게만은 모두 아름답고 소중한 것이다. 다시 고쳐 가질 수 없는 것이 추억이고, 다시 역류할 수 없는 건 세월이다. 추억들 중 가장 아름다운 추억이 있다면 그건 사춘기에 겪었던 첫사랑의 추억이 아닐까 생각해본다. 사춘기의 애정은 풋사과의 싱그러운 그 맛과 같아 그 풋풋한 향기가 목구멍 속에 깊이 배어 오래도록 마음에서 지워지지 않는 것이다.

놓친 기차는 아름답다고 했던가. 다시 붙들 수가 없기 때문에 그렇게 애연하고 아름답다. 흘러간 과거사는 아름답다. 다시 되돌아갈 수가 없는 까닭에 아름답게 보이는 것이리라. 미완성의 사랑은 아름답다. 다시 이루어질 수 없음으로 인해 목마름으로 남는다.

며칠 전 느닷없이 아내의 옛 남자친구가 내 집을 찾아왔다. 옛날 내 아내를 열렬히 사랑했던 친구라고 했다. 이 별안간의 방문이 나를 크게 놀라게 했고 솔직히 별로 기분 좋은 일은 못 되었다. 그렇다고 이해를 못할 나이도 아닌지라 그저 덤덤한 심경으로 내 집을 방문한 그를 맞아들였다. 너무나도 의외의 방문에 내 아내도 놀라 얼굴이 상기되어 흥분을 가라앉힐 수 없는 형색이었다. 아내의 남자친구가 내 아내를 보더니 한참 말문을 열지 못하고 붉게 상기된 얼굴로 쳐다만 보고 서 있었다. 이 극적인 해후를 옆에서 지켜보고 있던 나는 나 대로 쑥스러워 몸둘 바를 몰랐다.

두 남녀의 상봉이 하필이면 남편의 면전이고 보니 내 아내는 무안해서 어찌 할 바를 몰라 했다. 나는 체면을 가다듬고 정중히 내 집을 방문한 귀한(?) 손님을 응접실로 안내하였다. 덥수룩한 머리털에 차림새가 남루하고 이마에 깊이 주름이 패여있는 중노의 시골친구가 첫눈에 별로 밉지 않은 인상이었다.

나는 아내에게 술상을 내오게 하고 통성명을 하여 정식으로 인사를 나누었다. 그는 약간 더듬거리는 말씨로 내게 아린 자기 과거사를 솔직히 털어놓기 시작했다.

"저 저는 살아 생전에 염○○ 씨를 한 번 만나보는 것이 소원이었어요." 목소리가 떨렸다.

"저, 저는 염○○ 씨가 아니면 평생 결혼을 안 하기로 결심했습니다."

"……."

나는 조마조마한 마음으로 눈을 깜박거리며 이 친구가 끝내 무슨 말을 실토하려나 하고 기다렸다. 그는 어릴 적부터 아내의 고향 동리에서 함께 소꿉친구로 자랐다고 했다. 그는 몇 번이나 미안한 듯 자기의 갑작스러운 방문에 대해 내게 양해를 구하고 말끝을 흐리며, 뭔가 말할 듯 말할 듯 머무적거리며 말을 이어갔다. 그가 상기된 얼굴로 뭔가 아슬아슬하게 고백하려는 찰나 아내가 술상을 들고 들어왔다. 그는 아내의 얼굴을 말끄러미 쳐다보더니 그의 특유한 텁텁한 목소리로 한마디 뱉었다.

"정말, 젊었을 때는 미인이었는데, 참 많이 늙으셨군요." 그는 혀를 차며 모호한 표정을 지었다. 이 말이 내 귀에는 아내를 고생시켰다는 뜻으로만 들렸다. 내 아내는 부끄러운 듯 그와 눈을 맞추지 못하고 나의 등 뒤에 붙어 몸을 숨겼다. 한 여자를 옆에 앉히고서 우리 두 사나이는 몇 잔의 술잔이 오고갔다.

우리 둘은 연적끼리 자리를 한 셈이고, 찝찝한 심정으로 각자 자기 계산만 하고 있었다. 한편 생각하니 내 아내를 사랑했던 옛 애인을 한 번 만나 볼 수 있는 기회도 괜찮은 일이었다. 나는 이 자의 입에서 어떤 에로틱한 고백이 나오더라도 나는 뭔가 대인답게 처신하리라고 미리 마음을 비워놓았다. 그리고 나는 슬쩍 아내의 눈치를 살폈다. 내 아내도 뭔가 결심이 선 듯 마음을 편하게 가지고 있었다. 하지만 아내의 얼굴에도 초조한 빛을 역력히 읽을 수 있었다. 내 코에서도 뜻뜻한 콧김이 솟아나 콧물을 연신 들이마셨다. 술이 거나하게 취하자 그의 목소리는 점점 격앙이 되어 갔고, 내 아내에게 무슨 말을 건네고 싶은 그런 눈치였다. 나는 두 사람에게 자리를 피해줄까도 생각했으나 그럴 관용이 내게 없었으므로 보아 나는 분명히 그를 질투하고 있었던 게 분명했다. 그는 몇 번이나 침을 꿀걱 꿀걱 삼키고 나서 가슴이 아픈 듯 눈물을 글썽이며 말을 이었다.

"저, 저는 솔직히 고백합니다. 저, 저는 혼자 염○○ 씨를 짝사랑했습니다." "저, 저는 한평생을 혼자 살기로 결심했습니다. 그런데 저, 저는 사십에 늦장가를 들었습니다." 그는 말끝을 흐렸다. 당사자인 내 아내도 콧물을 훌쩍거리고 있었다. 그도 또 나도 함께 콧물을 훌쩍거렸다.

그는 아내가 서울로 시집을 간 후 그리움이 병이 되어 서울 하늘만 쳐다보며 넋을 잃은 환자가 되어, 결국 웃학교의 진학도 포기했다고 했다. 정말 그에게는 속절없는 일이었고, 내게는 어이없는 일이었다. 그의 말을 듣고 보니 그가 딱했지만 한편 나같이 행복한 사나이도 없다 싶었다. 꺼벙한 저 순수무구한 시골 사나이가 내 아내에게 그토록 지순한 사랑을 바쳤었다니 내심 고맙기까지 했다. 순간 그는 내가 가장 부러운 상대가 되었고, 나는 그가 가장 부러운 사람으로 보였다. 목구멍에 뜨듯한 것이 넘어왔다. 내가 저 자와 입장이 바뀌었다면 어떻게 되었을까 하고 생각해 보았다. 내가 저 자와 같은 과거사를 가졌다면 내가 감히 옛 애인을 찾아나설 용기가 있을까? 내겐 어림없는 일이라고 생각되었다.

자기를 싫다고 버리고 떠난 여인을 만나고 싶어 삼십여 년을 기다려왔다는 그 순진스런 말을 내가 믿어야 할지, 어쨌든 큰 충격이 아닐 수 없었다. 사랑에 관한 한 큰 소리 칠 사람은 이 세상에 아무도 없다. 부부 간에도 숨겨놓은 사랑의 추억은 얼마든지 있을 수가 있다. 죽기 전에 한때나마 열렬히 사모했던 사람을 만나보고 싶으리라. 또 말 못할 사정도 있으리라. 이렇게 생각하니 그리운 이를 찾아나설 엄두도 못 내는 나의 졸렬함이 되려 부끄럽게만 느껴졌다.

나는 그가 내 집을 떠나간 후 오래도록 흥분된 마음을 가라앉힐 수가 없었다. 내 아내도 옛 남자친구가 떠난 그 날 밤에 잠을 못 이루는 듯싶었다. 아내는 잠자리 속에서 소리없이 눈물을 흘리고 있었다. "여보, 당신의 눈물은 떠나간 애인이 가여워 흘리는 눈물이요, 아니면 혹 내가 오해할까 봐서 흘리는 눈물이요, 어느 쪽이오?" 나는 별미쩍게 질문을 던졌다. 내 아내는 울음을 그치고 답 대신 내 허벅지를 힘껏 꼬집었다. 그날 밤 우리 부부의 잠자리는 모닥불을 지핀 화덕처럼 뜨겁게 달아올랐다.

탈출脫出

10개월 동안의 어머니 자궁의 유폐생활이 싫어서 그 캄캄한 원시동굴을 박차고 튀어나옴으로써 나의 첫 번째 탈출은 시작되었다. 부모가 정성스레 지어준 요람이 어지러워 엉금엉금 기어나와 땅바닥에 나뒹굴어 떨어질 그때가 바로 나의 두 번째 탈출에 성공을 한 날이다. 누구의 도움도 없이 혼자의 힘으로 시도한 탈출이길래 고통스러워도 그만큼 짜릿한 것이다. 그 짜릿한 맛에서 비롯된 스스로의 탈출은 멈춰지지 않는다. 누가 시켜서 하는 탈출이 아니라 제멋대로의 탈출이다.

아무리 포근한 어머니의 품이기는 하나 때가 되면 그 솜뭉치 같은 어머니의 품도 가시방석이 된다던가. 달착지근하던 어머니의 젖꼭지를 입에서 떼는 날이 나의 세 번째 탈출이 되는 셈이다. 젖꼭지를 떠나면 밥숟갈이 기다리고 있지만 그러나 탈출은 탈출이다. 끌어안으려는 부모의 염려로 보면 발버둥질치며 달아나는 것은 일종의 모정에 대한 반란이나 배신이 될지 모르지만 그러나 아가는 현명하게도 계속 부모님으로부터 탈출하는 방법을 찾아내고 그 탈출의 모험심을 몸에 익히면서 자라간다.

부모가 위험을 염려해 아가의 둘레에다 쳐 놓은 울타리를 아가는 곰살갑게 타넘어 탈출을 시도할 줄 안다. 소년은 두 팔을 벌려 가로막는 도덕의 담을 타넘어 사랑을 얻고, 스승의 지식둥지를 날아나와 직장을 얻고, 책이란 감옥을 탈출하여 사회로 나아간다. 무식의 미개지를 떠나야 학식과 문명을 얻고, 우주를 바라보는 안목을 틔우기 위하여 조국이란 우물 안을 탈출하여 유학을 간다.

그렇다. 이 끊임없는 탈출의 연속이 없었던들 우리가 무슨 진전과 발전이 있었으랴. 비록 그 탈출이 위험하고 고통스러워도 무릅쓰고 제 힘으로 해내었음으로 오늘과 또 내일이 보장되는 게 아닌가. 탈출로부터 뭔가가 태동되고, 발판이 놓여 굳어지고, 마침내 도약이 이루어진다.

허나 탈출이 다 옳고 바른 것만은 아닐 것인즉, 때때로 오산된 탈출로 인해 우리가 얼마나 많은 낭패를 저질렀던가. 부모나 아내가 만류하는 갈원渴願을 고집스레 거스르다 사업에 실패하고, 스승이나 친구의 충언忠言을 업신여기다 망신을 하고, 준비운동도 없이 막무가내 활주로를 달리다 발모가지가 부러지고, 옹고집이 나라를 망친다더니 깡고집으로 머리통이 깨지고 갈비뼈가 우지직 무너질 때가 한두 번이던가. 무모한 탈출로 시련을 불러 죽을 뻔한 적이 왜 없겠으며, 무자비한 탈출로 인해 시궁창에 몸통째 빠져 허덕일 때가 왜 없었을까. 무모한 탈출이 원망스럽고 무자비한 탈출이 후회스러워도 다 제가 잘못해서 저지른 쓰라림인데 누구를 원망하랴. 제 탓으로 난 병은 약도 없다 하지 않던가.

그렇긴 하지만 재기불능은 탈출로부터 시작하란 말이 있다. 궁하면 통하고 막히면 뚫어야 한다. 쥐새끼가 몰린 궁지를 빠져나가는 데는 탈출의 과감성밖에 없다. 탈출을 못하면 고양이에게 잡혀먹힐 수밖에 없다. 또 궁지窮地나 사지死地를 벗어나는 탈출만큼 쾌재를 부르는 일도 없다. 사형수가 높은 교도소의 담을 넘어 탈출을 시도하는 일이 예사롭지 않게 보일 때도 있다. 목숨을 걸고 탈출해 본 자만이 그 탈출의 희열을 안다고 했다. 하긴 할 말은 아니지만, 사형수에게 탈출없이 주저앉으면 그에게 남은 것은 죽음뿐일 것이다.

탈출은 우리 모두가 무릅쓰고 하는 행위이다. 고통을 무릅쓰고, 불가능을 무릅쓰고, 때론 죽음을 무릅쓰고 행하는 것이다. 어찌 물불을 구별하며, 어찌 비바람을 가리며, 어찌 가시덤불과 가시철조망에 몸을 사릴소냐. 고난과 역경으로부터 탈출의 몸부림은 숨을 거둘 때까지 연속된다. 비단 육체적인 탈출뿐만 아니라 정신적인 탈출의 몸부림은 더욱 가혹하다 하리라.

고정관념의 탈피가 그것이다. 고정된 사고, 고정된 정의定義, 고정된 도덕관, 고정된 인생관, 고정된 종교관까지도 고정관념은 모두 탈출의 대상이다. 우리가 얼마나 어리석게 옛 성현들이 말한 가르침의 고정관념에서 탈출을 못한 채 살아왔던가. 탈출할 생각은커녕 진리라는 이름의 노예, 진실이라는 명분의 굴레, 전통 또는 제도라는 미명의 속임수에서 탈출을 못한 채 살아왔던 게 아닐까? 그게 아니다 싶으면 과감히 탈출해야 옳을 텐데 우리는 반편이처럼 잠자코 길들어 버린 게 아닐는지 도무지 알 수 없는 노릇이다.

흐르는 물이 막히나 가둔다고 불어나면 타넘어가지 않던가. 총칼을 들이댄다고 흐르는 세월이 멈추던가. 해묵은 인습의 탈출은 불가피한 것이다. 막히면 뚫어야 하고, 막으면 타넘어야 하는 것이 사람의 생각이고 또한 사람의 주장이다. 개인이나 사회나 탈출의 몸부림은 낮을 가리지 않고 행해지고, 또 시도 때도 없이 무한정 이루어진다. 그렇다. 어찌 보면 탈출하는 길만이 우리가 사는 길일지도 모른다. 맨 처음 어머님의 태반을 탈출하고, 공부다 출세다 하여 동리를 탈출하고, 사랑이다 결혼이다 하여 가정을 탈출하고, 사업이다 경제다 하여 고향을 탈출하고, 한생 탈출의 행로를 걸어가다 마침내 삶을 탈출하여 죽음으로 떠난다. 죽음을 탈출하면 또 어디로 가는가? 나 또한 탈출로 인해 생겨난 몸이니 탈출로 사라지는 존재라야 마땅하다고 생각하니 어딘가 마음 한구석 서운함을 가실 길 없구나.

문門

밤별

내외內外

야호고夜壺考

주호경酒壺鏡

죽절성竹切聲

봉평 달빛

공상천하空想天下

문門

문은 들고나는 곳이다. 벽이 있어 막을 수 있다면, 문이 있어 열 수 있다. 사방이 벽으로 둘러쳐져 있고 내왕할 문이 없다면 갇힐 수밖에 없을 것이다. 갇힘을 트는 것이 문이라면 문은 은둔과 폐칩을 막는 도구요, 억압된 감정에 숨구멍을 틔우는 유로流路가 아닌가.

우리는 매일 대문을 열고 나섬으로 하루 일이 시작된다. 그리고 그 집 대문을 다시 들어섬으로 하루를 마감한다. 일상생활이 문으로부터 비롯되어 문에서 마감하는 듯 보인다. 어찌 이런 일이 가정생활뿐이랴. 우리의 학문도, 직장도, 사회도 그리고 우리의 인생도 문을 나서 출발하여 그 문을 닫아 마감함으로 종료하는 듯 뵌다. 우리가 걷는 학문의 도정道程을 살펴보면 초등학교의 교문을 들어서 그 문을 나올 때까지는 6년이 걸리고, 중등학교 문을 들고나는 기간이 3년, 고교 3년, 대학 4년, 대학원 2년 등 기간이 일정하지는 않지만 문에 들어가서 그 문을 나옴으로 종료한다. 사회생활 또한 문을 거쳐 나아간다.

우리 인생도 초년에 이상理想의 문, 중년에 현실의 문, 노년에 허무虛無의 문을 거쳐 결국 누구나 문에 연한 생의 노정을 밟는다. 인류의 어느 치세治世의 문을 들어서 그 문을 종료하는 과정으로 그 당대를 평가한다. 우리가 어느 치세에 속해 있든 우리는 자동 어느 문을 거치고 있는 셈이다.

문에 연한 은의隱意는 다양하다. 관념이 되었든, 현실이 되었든 우리는 문이 갖는 은의에 매료된다. 우리가 생명을 가져 태어남도 문으로부터 비롯된다. 지아비가 문을 통하여 들이민 정자가 모반에서 자라 다시 지어미의 옥문玉門으로 나옴으로 귀중한 생명이 출생하는 것이다. 그리고 우리가 통상 시음하는 경우만 해도 그렇다. 앞문인 구문口門을 통해 음식물을 드밀고 뒷문인 항문으로 배설물을 배출한다. 밑이나 뒤로 대변되는 '밑'이란 말도 기실은 밑문을 의미한다. 몸 안 각 기관마다 통문通門과 기문氣門이 있어 그 문이 막히면 약이나 침으로 뚫어야 건강하다. 어찌 우리의 육체뿐이랴. 우리네 인생사를 살아가면서 안 거쳐가는 문이 있던가. '고생문이 뻔히 열렸다.'는 말이 있듯 한 생을 사는 동안 고생문이 하그리 많기도 해 문을 지나면 또 문이 있고 그 문을 통과하면 또 다른 문이 나타나 어찌 보면 세상만사 온통 문 투성이다. 인류의 역사도 수없이 연속되는 문의 역사라 해도 과언이 아니다.

우리는 문으로 인해 웃을 수도 있고 또 울 수도 있어 희비사가 엇갈린다. 등용문을 통과해 출세의 문이 활짝 열리는가 하면 사업실패로 인해 폐쇄된 철문은 실의에 젖게 한다. 개문의 희망이 폐문의 실망으로 끝날 줄을 누가 알았겠는가.

한데 입문은 했으나 다시는 못 나오는 금문禁門도 있다. 감옥살이를 하는 옥문獄門이 그렇고, 군문軍門, 승문僧門, 궁문宮門의 통행이 지엄하고, 정려문旌閭門 또한 아녀자의 한이 서린 곳이다. 스님들은 일단 입산하여 불문에 들어서면 뒷문을 잠구어버린다. 귀속歸俗을 못하도록 뒷문에 빗장을 걸어 비구와 비구니의 계戒를 지키도록 한다. 절문에다 눈을 부릅 뜬 사천왕을 세움도 이런 연유와 무관하지 않다.

옛부터 우리의 풍속에는 여자에게 가혹한 금문지행禁門之行이 자행되었다. 꽃다운 나이에 궁궐에 들어온 궁녀는 제 목숨 다하는 날까지 궁궐을 못 빠져 나가도록 엄히 뒷문을 잠궈버렸다. 궁내에서 죽어 그 시체가 빠져나가는 시구문이 따로 있었다니 궁 생활이 얼마나 한스러웠으랴. 여자의 한으로 친다면 어찌 구중심처九重深處의 궁녀뿐이겠는가. 일반 백성의 아낙에게도 금문의 형벌은 가혹했으니 일단 시집을 가면 출가외인이라 해서 그 집 귀신이 될망정 다시 친정집 대문을 못 들어서게 했다. 정절문貞節門이 괜히 섰겠는가. 서방의 사후에도 재가再嫁를 안 하는 풍속이었으니 그 삶이 오죽했을까 싶다.

문에 관한 영상影像은 다형다양해 우리의 사고를 어지럽힌다. 문의 대소大小로 구분하면 궁상맞은 시문柴門과 봉창 문이 있는가 하면, 고대광실의 솟을대문과 궁궐과 사대부가의 홍살문이 있다. 명문거족名門巨族의 대문은 문의 겉치레가 요란하다. 또 문의 신분으로 구분한다면 사문沙門, 사문師門, 관문官門, 학창의 동문同門, 대소가의 가문家門, 법문法門, 예문藝門, 업문業門이 있고, 그외 서울에 독립문이 있는가 하면, 파리에 개선문이 있고, 해우소解憂所에는 뒷간문이 있는가 하면, 축구에는 골문이 있다. 앙드레 지드의 좁은문이 있는가 하면, 단테의 지옥문이 있다.

사실 문의 개방은 자유를 위함이었다. 문고리를 따놓음은 왕래의 불편 없이 자유롭고자함이 아니겠는가. 허나 문을 너무 활짝 열어 놓으면 자유를 넘어 방종을 불러올 수도 있다. 따지고 보면 대문 밖은 타관이다. 대문 밖은 곧바로 길이 나서지만 그 길이 어디로 뻗어 있든 인가로 연결된다. 인가가 모인 타관은 사람들끼리 부대끼며 살아가는 사회로 간단치가 않다. 인간사는 인간 동리에서 빚은 고비고비 힘든 산길이고, 인정사는 굽이굽이 힘겨운 파도의 물길이다. 산길 물길 넘어가면 수렁의 길도 도사리고 있다. 가도 가도 가는 길이 삭막하기만 하다. 대문 밖 인생길은 살얼음판이다.

문에 대한 명상이 엉뚱스러울 수도 있다. 엉뚱스럽다기보다 옛날에는 사실 그랬다. 남편이 문밖 살림을 차려 나간 지가 오래 되었다. 옛날에는 조강지처에게 집 살림을 맡겨놓고 대주가 바람이 나서 집 문을 나가 귀가하지 않는 경우가 종종 있었다. 꽃다운 아낙을 문안에 가두어 놓고 작은 댁 살림을 차린 비정스런 남정네가 곱살스럽게 보일 리가 없다. 남편 없는 긴 동짓밤은 야속하기만 하다. 베갯잇이 눈물로 얼룩지고 독수공방 아녀자의 애간장이 다 녹아내린다. 설한풍에 문풍지만 울어도 임의 기척인가 싶어 잠 못 들고 뒤챈다. 문을 나가는 것은 제 뜻이지만 문을 들어서는 것이 어찌 제 마음대로이랴. 끝내 열리지 않는 문이 야속해 깨문 입술에 피멍이 들어 선잠 드는 하소가 눈물겹도록 가엾다. “문아 문아 문고리는 왜 달렸노. 임 잡으라고 달렸지. 바람에 달그락거리라고 달렸느냐?” 설한풍에 달그락거리는 문고리 소리가 왜 그리 얄미웠을까.

이젠 세월이 많이 흘러 문에 연聯한 스토리는 많이 달라졌다. 문의 개방에 대한 자유가 너무나 많이 주어져 옛 법 옛 풍속이 많이 변모했다. 호랑이 담배 먹던 시절의 이야기가 되고 말았다. 문은 옛 그대로 달려 있으되 문칙門則과 문의 예도禮道가 까마득히 달라졌다고나 할까. 하지만 나의 바람이긴 하지만, 문을 열기는 열되 너무 활짝 개방하지 말고 반쯤 열어놓으면 어떨까 한다. 반쯤 열린 때의 이야기가 활짝 열린 때의 얘기보다 더 멋져보일 수도 있기에 해본 말이다.

허긴 내가 어느 문에서 와서 어느 문으로 가는지를 모르면서 나는 해 설핏한 저녁나절 문간에 우두커니 서 있다.

밤별

밤별을 만나러 밖으로 나간다. 별은 반가운 얼굴로 기다렸다는 듯 나를 반긴다. 반가움은 나도 마찬가지다. 밖에 서면 먼저 밤하늘에 지천으로 널려 있는 별을 부지런히 따서 가슴 가득 담는다. 노란 황보석들을 욕심껏 따서 담다보면 나는 금세 부자가 된 듯 뿌듯해진다. 그러나 조금만 지나면 나는 후회를 한다. 아서라. 아무리 자연물에 임자가 없다 해도 거탐을 해서야 쓰겠나 싶어 다시 가슴을 비우기 시작한다. 실은 가슴을 싹 비워내야지 별구경을 제대로 할 수 있다. 별구경은 언제나 혼자이고 아무도 보는 이가 없어 거탐을 했나 보다.

고즈넉한 밤 내 마음을 한가롭게 까만 창공에다 띄워놓고 별 한 낱 한 낱 앞앞을 방문한다. 바깥 날씨는 삽상하고 사방은 적요한데 가물가물 내 시력 끝에 매달린 별빛은 너무나 고와

아스스 소름이 돋도록 살을 내린다. 세상 영화만 잊으면 저렇게 아름다운 별빛을 보는 것을. 미상불 나 혼자만의 분복 같아서 고마워해야 할지 어찌해야 할지.

항용 달빛의 아름다움은 그 빛이 은근히 비쳐날 소창素窓이 거기 있기 때문이고, 별빛이 황홀한 것은 그 돌올한 빛이 깜박일 검은 하늘이 거기 있기 때문이다. 까만 비로드 천에 박힌 영롱한 보석들마냥 그 반짝임이 눈부시다.

사실 내가 별을 사랑하게 된 것은 나이가 들어서부터이다. 아니 어쩌면 어릴 적 막대 끝에 매달린 별사탕을 핥으면서 시작되었을지도 모른다. 허나 예전에는 저 별의 아름다움을 몰랐다는 말이 맞다. 늦은 밤 시험공부를 하다가 밖에 소피를 보러갈 때 문득 청천에 걸린 밤별을 만난다. 언뜻 본 밤별은 생경하기가 이를 데 없고 어둔 밤 속 휘황한 별빛은 섬뜩하기까지 했다. 허나 내가 대학을 나오고 또 장가를 들고 해서 중년이 되어 바라다본 별빛은 한결 따스하게 느끼게 되었고, 이제 초로初老에 접어들어 머리털이 희끗희끗해서 바라본 별빛은 따뜻하기보다 되레 차갑게만 느껴진다. 그믐밤을 지새우는 차가운 별빛이 호수 위에 내리면 까만 수면에 가라앉은 별은 한기寒氣를 머금어 모처럼 발흥한 연심戀心마저 일그러져버린다. 그러나 다시 마음을 가다듬어 그 별들을 오래도록 쳐다보고 있노라면 부지 중 마음 한구석에 남아 있던 온기가 김을 올려 일그러진 마음을 녹인다. 코 안이 땃땃해지면서 식은 가슴에 모닥불을 피우듯 별빛은 뜨거운 입김으로 다가와 나를 또 다른 상상으로 이끌어간다.

내 가슴 안에 드리운 회색 커튼은 밀어젖히고 남몰래 만나는 별은 연인과 밀애를 하듯 마냥 내 가슴을 뛰게 한다. 맑디맑은 시냇물 속에 빠진 별떨기를 손 바가지로 건져올려 사랑하는 이에게 바치는 모습이라니, 나 혼자 상상하고 나 혼자 부끄럽다. 나풀나풀 나풀거리는 긴 추억의 자락 그 끄트머리에 머무는 별빛은 언제나 내겐 곱다란 꿈빛이다. 그 고운 꿈빛은 내 어릴 적 성근 가슴속에서 해맑은 눈망울로 자라났고, 또 사랑이란 이름으로 영롱하게 빛나고 있었다.

알퐁스도데의 〈별〉은 그 고운 사랑의 싹틈이었다. 알프스의 고산에 양을 치는 목동에게 노새에다 먹을 양식을 대신 싣고 온 소녀 스테파네트와 밤별 아래 나눈 대화는 세상에 젖지 않은 순정의 대화이다. 밤하늘 초롱초롱하게 빛나는 별을 바라보며 소녀는 맑은 눈망울을 굴려 목동에게 묻는다. “별들도 사랑을 하고 또 이별을 하나요?” 만남의 이별을 걱정해 던진 말이다. 소년은 그렇다고 긍정한다. 아무려나 밤늦은 알프스산 언덕에 하룻밤의 별빛은 두 사람의 순박한 가슴에다 곱디고운 사랑의 색실로 아롱아롱 슬프게 수를 놓았다.

별은 왕왕 우리 문학 작품 속에서 이상理想 또는 이상향理想鄕으로 치부된다. 우리가 세상바닥에 발을 딛고 살면서 꿈의 이상은 언제나 높은 하늘에 두고서 큰 별로 뜨고 싶어하는 것이다. 때때로 꿈을 깨어 현실로 돌아와보면 차디찬 현실세계에도 스타가 있다. 뭇사람의 이목을 끄는 군장성軍將星의 어깨 위에 붙인 스타뿐만 아니라, 스테이지의 스타, 스타디움의 스타, 또 다른 분야의 스타, 무슨무슨 계界의 스타 등 스타는 있기 마련이다. 누구나 '빅 스타'가 되고자 하지만 하늘에 별따기란 말뜻처럼 스타의 길은 멀고 높다. 피를 말리는 각고가 없이는 감히 엄두를 못 낼 일이다. 하긴 별은 멀리 떨어져 있기 때문에 더욱 빛나 보이고 만인의 동경憧憬의 대상이 되나 보다. 아니 너무나 높아 도달할 수 없음으로 인하여 그렇게 소중스러운가 보다. 더 말해서 무엇하랴. 이상이 없는 인생은 달이 진 사막이다. 이상이 있고서야 그로 인한 보람도 있을 것이 아니겠는가. 그 꿈나라 이상이 소중해서 미국의 성조기를 비롯하여 중국, 쿠바, 베트남, 카메룬 등 많은 나라의 국기에 별을 박아 넣었다. 별을 그리는 마음은 개인뿐만 아니라 한 국가의 소망일 수도 있는가 보다.

누가 말했던가. 이상은 현실로 얻어지기가 어렵길래 고독하다고. 아무려나 밤별은 외롭다. 외롭다 싶어 바라보면 더욱 외롭게 느껴진다. 저리도 별빛이 고독하기에 영광스러울지 모른다. 그래서 영광의 보좌는 늘 고적하다 하지 않은가.

차가운 밤하늘에 파르르 떨고 있는 별빛은 어느새 목마른 그리움으로 다가선다. 그리움이 가슴에 사무치면 별빛은 흐려져 눈물로 가린다. 별나라로 떠나신 어머니가 보고 싶다. 행성일까, 항성일까. 어머니는 어느 별에 가 계시는가? 아무리 두리번거려도 알 수가 없다. 안다손 치더라도 저 먼 곳을 어떻게 간단 말인가.

쳐다보고 또 쳐다보아도 그 별은 그 별이고, 그 별빛은 그 별빛이건만, 그러나 쳐다보아 슬픔이 되고 또 기쁨이 되는 건 내 마음의 경망일 수밖에 없다. 별은 나를 끌어내어 나를 울려 들여보낸다. 마음의 안착安着 없어 다시는 안 나간다고 다짐해 놓고도 허나 정작 별이 손짓하면 나는 불현듯 달려나간다. 그 옛날 첫사랑을 만날 때도 그러하지 않았남.

별이 좋은 걸 어떡해. 사랑이 좋은 걸 어떡해. 별빛이 외로워도, 사랑이 슬퍼도 내가 좋은 걸 어떡해. 오늘밤도 나는 별을 만나려 서두르고 있다.

내외內外

부부를 내외라 부른다. 내외란 안과 밖이란 말로 내외간이라면 안팎의 사이로 볼 수 있다. 피륙을 들고 보면 안과 밖의 구분이 잘 안 된다. 안이 밖이고 밖이 곧 안이다. 부부란 이 피륙과 같아 일단 부부로 결합하게 되면 안팎이 따로 없이 일신동체가 되어버린다. 안과 밖이 같은 천 안에 있듯이 내외도 같은 인생 속에 들어 있다.

내외가 한평생 한 집안에 같이 살지만 과연 내외간이란 무얼까 다시 묻게 되면 새삼스런 감회가 없지 않으리라고 본다. 내외간이란 '그렇고 그런 게지.'하고 혼자 속으로 대답할 수는 있을지 모르지만, 그러나 무슨 말로도 구체적인 설명이 가능하지 않다. 마치 호주머니에 든 물건이 무엇인지 모르고 있듯 부부가 한 집에 사는 동안 부부가 무엇인지 모르고 살아가는 게 부부다.

내외간이란 가깝기로 말하면 뱉은 호흡을 받아 마실 정도로 지척의 거리요, 찐득하기로 말하면 화롯불에 녹인 깡엿만큼이나 강하게 밀착하는 사이가 아니던가.

아내가 풋각시로 시집을 올 때 그 곱던 얼굴이 무정세월에 주름살이 늘어 골이 깊이 패였다. 늙은 아내의 가슴속 텅 빈 자리에는 언제나 눈물바람이 인다. 내가 너를 믿고, 네가 나를 믿고 함께 걸어온 여로가 더운들 덥다고 말을 할까, 추운들 춥단 말을 할까, 말 못할 사이가 부부인 게다. 차라리 내외간에는 추억이란 게 없다. 그만큼 바쁜 세월을 고달피 살아온 것이다. 어쩌면 뉘 집 이야기를 하는 것 같지만 장본인은 따로 없다. 우리 모두가 그 장본인인 셈이다.

남편이란 존재, 그 존재가 갖는 의미는 무엇일까. 무엇이라고 얼른 대답이 나오지 않는다. 내외간이란 나와 아내와의 관계이고, 나와 남편과의 관계이다. 내외, 단 두 사람만이 알고 또 성립하는 그런 관계일 것이다. 내외를 제외하면 딴 사람, 심지어 자식들까지도 알 수 없는 그런 비밀스런 관계가 내외간의 관계인 것이다. 이녁(당신)은 아득히 먼 듯하지만 가장 가까운 곳에 머물러 있는 존재, 다시 말하면 내외간의 이해의 거리는 언제나 아주 먼 듯하여 아득한 생각이 들었지만, 며칠만 지나면 바로 곁에 가장 가까운 거리에 와 있는 그런 존재가 내외의 간격일 것이다.

둘이 살다보면 껄끄러운 일이 전혀 없지도 않다. 두 사람이 실컷 다투고 나면 우리가 왜 다투었던가 싶어 멋쩍은 때가 많다. 간간이 툭딱거리지만 부부싸움은 칼로 물 베기다. 베긴 베어도 자국이 남지 않는다.

한 사람의 지아비를 섬기고, 한 사람의 지어미를 사랑한다는 것이 어디 말같이 쉽던가. 숨소리마저 들리는 가까운 거리임에도 두 사람의 생각은 달라 높은 산이 가로막을 때도 있다. 애간장을 녹였던 일도 많을 것이다. 조그마한 자존심 때문에 한 치의 양보도 없이 바로 옆에 길을 두고도 길을 못 찾아 온 산속을 헤매고 있었던 적이 없지 않았을 것이다.

내외간의 용서란 것도 그렇다. 다른 사람이면 몰라도 내외간이기에 더욱 용서를 못할 사정이 있는 것이다. 이럴 때는 내외간의 거리가 이렇게까지 멀었던가 할 정도로 한심한 생각이 드는 것이다. 단 두 사람만이 아는 사정이고 또 관계이기에 아무도 싸움을 말릴 수 없고, 아무도 가타부타 말하지 못하는 것이다.

내외의 싸움은 사랑싸움이라고 해서 말리지 않는다. 싸움이 좀 심하다 싶어도 그 싸움이 끝나면 그간 둘 사이의 오랜 몰이해가 순화되어 불신의 두께가 더 얇아지고 이해의 폭이 더 넓어진다.

누가 말했던가, 내외를 공범자의 관계라고. 내외 두 사람 중 한 사람이 잘못해도 그것은 공동책임이다. 내외간에 동의란

것도 그렇다. 설사 남편이 곤혹에 빠질 것을 빤히 알면서도 승낙하지 않으면 안 되는 것은 내외간이기 때문일 것이다. 잘못되면 당하기로 마음먹으면 되는 일, 두 사람 사이에는 그보다 더 절실하게 어찌하지 못할 사정이 있는 것이다. 먹구름이 일고, 천둥이 칠 때는 목을 움츠리고 방안에 숨어 앉았다가, 천둥소리가 그치고 먹구름이 벗겨져 햇빛을 볼 때는 우리가 참 잘했다며 내외가 한 목소리를 낸다. 잘해도 또 못해도 부부는 공범자가 되는 길밖에 없다. 창피야 있건 말건, 이유야 어떠하든 내외만 통하는 그런 세계가 따로 있는 것이다. 부끄러움이나 수치가 각오하면 되는 일, 부부를 위해서 무릅쓰고 결행하는 것은 내외가 공범자 관계에 놓이기 때문이리라. 그래서 부부는 서로 눈이 멀었다고 하지 않던가.

자식에 대한 공동사명에는 어쩌면 부부란 존재 의미마저 실감이 나지 않을 때가 많다. 내외간에 심한 말다툼을 하다가도 자식이 교통사고가 났다고 전해지면 금세 말싸움을 그치고 함께 달려 나간다. 자식이 죽느냐 사느냐 하는 판에 부부싸움쯤은 한참 나중 일이 될 것이다. 자기의 혈육 앞에서 내외의 존재는 무력하기만 한 존재에 불과하다.

피붙이에 대한 애정은 우리에겐 종교처럼 되어 있다. 무한히 주기만 하고 받을 생각을 않는 종교행위다. 부부는 자식들의 일로 똑같이 밤잠을 설치고 마음 아파한다. 생각해 보면 식솔이란 게 무엇인지 모를 일이다. 정이란 게 무엇인지 모를 일이다. 자식 정만큼 치사한 것도 없다 싶다.

치사한 것으로 말하면 부부의 정도 마찬가지다. 더러운 게 정이라더니 준 정 때문에, 받은 정 때문에 서로 갈라서지 못하고 사는 사람도 많다. 마치 고삐 매인 소처럼 굴레를 살아가는 여인도 있다. 갈라서고 싶어도 바친 정이 치사하고 더러워 그리 못하는 것이다. 뗄레야 뗄 수 없는 그 정이 무엇이기에 울면서 한세상을 보내는 것인가.

요새 젊은 사람들 사이에 이혼이 흔하고 또 쉽다. '그렇게 애먹이는 사내라면 이혼을 하면 될 게 아니냐.'고 큰소리를 친다. 글쎄다. 정 잊기가 그리 쉬운 노릇인가. 하기야 신혼여행을 마치고 바로 이혼하는 사람도 있다고 들었다. 서울에서 초례를 치르고, 제주도 가서 초야를 보내고, 다음날 이혼하고 따로따로 헤어져 귀경하는 사례가 많다더니, 혼인서약이 무슨 땅 계약문서인가, 정조란 게 헌신짝인가, 그리 쉽게 파기하고, 그리 쉽게 버릴 수 있단 말인가. 결혼을 취미라고 하는 사람도 있다더니 참 취미 같은 소리를 한 번 들어보겠다.

여정 동반자가 내외라면 말 그대로다. 길을 함께 가는 길벗이다. 즐거우나 괴로우나, 좋아도 싫어도, 고와도 미워도, 건강해도 병들어도 함께 가는 길벗이다. 죽었어도 내 남편은 내 남편이고, 내 아내는 내 아내인 것이다.

내외가 얼굴을 서로 마주본다. 나이 먹은 늙은 얼굴이지만 옛날 혼인할 때의 젊은 얼굴로 보인다. 그렇게 보고 싶은 마음이다. 몸은 늙었지만 마음은 늙지 않았다. 살아온 과거사가 험악했다손 치더라도 아리따운 옛 모습이 가슴에 새겨져 있어 길벗으로 동행한 지난 나날들이 아름답게만 느껴지면 지금의 그 얼굴이 아니라 꽃다운 얼굴로 보일 수도 있으리라. 그래서 부부는 눈이 멀어야 산다고 안 했던가.

내외는 한 가정에 예속된다. 어느 한쪽이 가정에 예속되길 거부한다든지 가정의 예속을 굴레로 생각하는 사람은 진정한 의미에 있어서 내외가 무엇인지를 모르는 사람이다. 내 고향은 내가 거기 살았기에 고향이고, 내 가정은 내외가 거기 살았기 때문에 내 가정인 것이다.

누구나 가정에 예속되기가 정 억울하면 떠나면 될 것이지만, 예속이란 말도 기실 당치 않다. 왜냐하면 내외란 피륙의 안팎과 같을진대 내외 중 누가 누구에게 예속되었단 말인가. 본시 안팎이 같은 피륙인 것을.

야호고夜壺考

요강을 야호로 부른 것은 주로 요강이 밤에 사용된 애구愛具이기 때문이다. 우선 요강하게 되면 그 이미지가 여인과 연결지어진다. 하필이면 왜 여인만이냐고 하겠지만 요강의 쓰임새로 말해 남녀가 다를 수 없겠으나 위생적으로 불결한 생각만 지우면 요강의 이미지는 아낙네의 알몸을 보 듯 신성해 뵈기 때문이다. 인간이 만들어낸 문명의 이기치곤 가장 간단한 발상의 소산으로 그 실용적 의미가 심미적인 차원보다 강한 좀 색다른 물건이 요강이 아닌가 한다. 사실 요강은 현대식 주거의 욕실이 안방으로 옮겨지고부터 우리의 귓전에서 멀어져갔다. 그러나 그에 대한 향수는 나와 같이 나이 든 사람은 모두 잊을 수가 없는 것이다. 우리 옛 말에 처가와 측간은 멀수록 좋다고 했다.

서양식을 본뜬 우리의 측간이 안방에 들게 되고, 심지어는 부엌에까지 위치할 때 우리는 더더욱 당황하지 않을 수가 없다. 신문명과 구문명의 인식이 이럴진대 불결의 이미지로 낙인이 찍힌 요강일지라도 설 자리는 따로 있게 마련이다.

오랜 세월을 두고 사실 요강은 우리 생활에선 필수불가결한 절대적인 존재로 여겨져 왔다. 지금도 웃어른들은 이사할 때 요강을 솥단지 속에 넣어 가지고 간다. 특히 안어른들은 이 요강을 재산목록 중에서 제일로 치고, 시집가는 새댁도 혼숫감에 요강유름을 마치 신주 모시듯 중하게 여겼다.

이처럼 오줌을 싸는 요강이 밥 담는 밥주발보다 더 으뜸시되어서 누나가 시집 갈 때만해도 가마 속에 꽃요강을 넣어 가는 것을 나는 보았다. 기억이 아련하지만 아마 꽃요강 안에다 솜을 채웠던 것으로 기억한다. 혼행길이 멀 때 행여 신부가 배설이 하고 싶으면 가마 속에서 실례를 해야 하고, 또 방뇨시 공명을 줄이기 위한 한 방책으로 솜을 사용했던 것 같다. 이렇듯 자산 제일의 자리를 굳혔던 요강을 혼숫감에서 빠뜨리는 경우라면, 그 규수는 뭔가 엽렵하지 못한 여자로 낙인되는 것이 예사였다.

한데 나는 요강의 필수성에 대해서는 좀 낭만적인 생각을 한다. 눈치 빠른 독자 여러분 중에는 내가 무슨 말을 하려나 눈치채시겠지만 나는 부부의 행복을 요강단지로부터 연계해 낼 수가 있다. 비록 인간 내부의 퇴적물을 받는 간단한 용기에 불과하지만 옛 사람들이 요강을 안방으로 들이는 슬기를 나는 모를 듯하면서도 알 듯한 생각이 든다.

부부일신의 합궁은 사실 부부가 한 요강을 사용하고부터 시작될 것이다. 그래서 잠자리에 요강유름은 부부애를 돋우는 유일한 기물이 아니겠는가. 이상하게도 밤중에 자다 말고 여자가 일어나 오줌을 누면, 반드시 남자도 기침을 하여 따라서 오줌을 싸는 것이다.

요강은 흙으로 만든 사기요강이나, 놋쇠로 만든 놋요강이 있다. 사기요강이든 놋요강이든 방뇨 시 그 속에 공명된 소리는 생음악이 아닐 수가 없다. 그믐달 이슥한 밤 요를 누는 맑은 물소리가 지창紙窓 밖으로 들려나올 때 그 소리는 한 편의 생명의 율시가 아닐 수 없다.

모를 일이지만 그 향기 또한 그윽할 것 같다. 부부 간에 그 청명한 생음을 한 쪽이 할 때 그 쪽이 듣고, 교대로 다른 쪽이 할 때 이 쪽이 듣는다고 가정한다면 그들이 그 다음에 무슨 생각을 떠올릴 까는 자명하게 짐작이 갈 일이다. 그래서 요강이 금실 좋은 부부에게 없어서는 안 될 정물이 되고, 부부는 동뇨일신同尿一身이라고 누가 말했던가.

요새 젊은 사람들이 들으면 웃을 일이지만 손자를 애타게 기구하던 시어머니가 며느리로 하여금 사기요강 아닌 요란스런 소리를 내는 놋요강을 강요했다는 희사戱事 아닌 비사悲事도 있었다.

원래 말에는 말이 덧붙는 법이라. 황당한 이야기를 한 번 더 뱉을까 한다. 옛적 사돈이 청사를 가서 보니 새 며느리가 될 사람이 너무나 깡마르고 몸에는 살 한 점이 없어 보여 저 연약한 몸에 무슨 정력이 있어 자손을 잉태할까 걱정이 되어 온통 잠을 이룰 수가 없었다.

가을밤 지창에 비치는 달빛은 그로 하여금 오만 생각을 짓고 허물게 하였다. 그는 늦가을 밤 섬돌 밑의 귀뚜라미 소리를 들으며 사돈댁 바깥마당을 산책하게 되었다. 그는 무심코 지나다 안 사돈댁 침방에 귀를 기울였다. 갑자기 깜깜한 방안에서 들려오는 소리가 있었다. 쏴-하고 마치 폭포수 쏟는 소리였다. 그 음세가 대단했다. 그 소리를 들은 노인은 '그러면 그렇지.'하고 무릎을 치며 안도의 숨을 쉬었다는 이야기다.

그 어미에 그 딸이라, 방뇨의 음세로 며느리의 정력을 측정했다는 몹쓸 이야기다.

세월은 흘러 요즈음은 요강의 그 낭만적인 청명한 음악은 들을 길이 없게 되었다. 거동이 불편한 조부모님 방에서나 발견할 수 있는 기물이 되었으니 요강의 옛날 위치는 강등되고만 셈이다. 내 생각이지만 원래 요강은 한대지방의 산물이 아닌가 한다. 바깥 날씨가 추워 뒷간 왕래가 불편할 때 사용하기 위한 간단한 발상이 곧 요강을 생산하게 된 소이가 된 것이다. 어떤 인류학자가 한 말이 헛소리일지는 모르지만 원시문화의 발단이 요강을 사용함으로부터 시작되었다고 한다면 요강을 일찍부터 사용한 우리는 위대한 슬기를 가진 민족이 될 것이다.

이른 아침 기침하여 요강을 비우고 부시는 일로부터 하루의 일이 시작되고 밤늦게 그 요강을 닦아 방안에 들이는 일로 하루의 일을 마무리하는 혼정신성昏定晨省의 예구禮具가 또한 요강이 되었던 것이다. 이렇게 한민족의 사랑을 담뿍 받아오던 이 애기愛器가 우리의 귓전에서 밀려남은 당연한 문화변천의 순리로 생각되지만, 그러나 그로부터 연유될 낭만적인 생각마저 사라진다고 생각하면 뭔가 모르게 맘 한구석이 섭섭해진다.

주호경酒壺鏡

술 잘하는 사람들의 말을 들어보면 처음은 사람이 술을 마시고, 다음은 술이 술을 마시고, 그 다음에는 술이 사람을 마신다고 한다. 예부터 주호酒豪가 따로 있었으니 처음에는 쌈짓돈을 주고 술을 마시고, 다음에는 집을 팔아 술을 들고, 마지막으로 마누라를 팔아 술을 마셨다니, 아내를 잃고 나면 무엇을 팔아 술을 마실 것인가.

예나 지금이나 술 좋아 가산을 탕진하고 망신한 사람이 많다. 한평생을 술을 기리다 죽는 팔자도 기실은 기막힌 일이다.

사실 술이란 알맞게만 들면 참 괜찮은 음식이다. 윤오영 님은 술꾼을 세 종류로 나누었다. 애주가愛酒家는 술의 정을 아는 사람이고, 음주가는 술의 흥을 아는 사람이고, 기주가嗜酒家는 술에 빠진 사람이라고 했다. 혹 기주가의 경지境地가 사람이 술을 마시는 게 아니라 술이 사람을 마시는 그런 경우에 해당되는 사람일 게다.

술의 매력은 사람마다 다를 것이지만 술꾼에게 왜 술을 마시느냐고 물으면 열의 열 사람 다 대답이 다르다. 어떤 이는 술은 술술 넘어가는 맛으로 먹는다고 하고, 어떤 이는 친구가 좋아 마신다고 하고, 또 어떤 이는 주막에 주모 엉덩이 쳐다보는 재미로 먹는다고 대답한다. 술을 술맛으로 먹는다는 사람은 한 사람도 없다. 술 마시는 핑계가 흥바람, 우정 또는 여색女色바람으로 삼지만 사실은 술이 좋아 술을 하는 것 같다. 그게 주정酒情인가 보다. 대개 고적해서 술집을 찾지만 기쁜 일이 있어도 주막을 찾는다.

술이 몸에 해롭다고 해서 도중에 금주하는 사람도 있지만 주정을 아는 애주가는 건강쯤은 아랑곳하지 않는다. 취생몽사醉生夢死란 말이 있듯이 서상書床머리 앉았다고 하나 글 뜻을 모르면 무엇하러 책을 읽으며, 초로인생草露人生으로 살면서 모주 잔에 오가는 정을 모르면 무슨 재미로 인생을 사느냐고 반문하는 사람도 있다.

술꾼을 만나면 어쩌고저쩌고 주도酒道를 입버릇처럼 읊는다. 다객茶客에 다도茶道가 있고, 주객에는 주도가 있다는 말이다. 도道란 원래 높은 하늘에서 뚝 떨어진 것이 아니라 범속凡俗한 낮은 생활로부터 취取한 것이니 술잔을 주되 상하上下와 노소老少를 구분하고, 잔은 채[滿]야 술맛이 나고, 남아 주삼배

불음이면 만고에 호로자식이라고 했으니 해도해도 너무한 주법이다. 주도란 말이 나왔으니 말이지만 술 취하면 개란 말도 있다. 술 취한 사람은 갉지 않는 것이 또한 주도다. 가령 만취된 취객을 갉으면 그 취객보다 더 못난 사람이란 결론이다. 내 지우知友 중에 술버릇이 나쁜 친구가 한 사람이 있었다. 이 친구는 술만 마셨다하면 옆자리 손님에게 괜히 시비를 건다. 내가 그 친구 술성미를 알길래 엔간히 마시면 술자리를 뜨는 것이 보통이었다. 한 번은 어쩌다 술좌석에서 옆 손님과 불식간에 입씨름이 붙었다. 그런데 한 잔 했다 하면 그 친구는 횡설수설 맘에도 없는 말을 마구 뱉는 그 억하심정을 나는 도무지 알 길이 없었다. 한참 동안 난동을 피우던 친구가 갑자기 없어져서 소피를 보러간 게라고 생각했더니 생각대로 변소를 다녀오는 길이었다. 한데, 저 친구 거동을 보소. 땅바닥에 엎디어 엉금엉금 기어오지 않는가! 기어오다 한쪽 다리를 번쩍 드는 광경은 정말 기구가관崎嶇可觀이었다. 자기가 뭔지는 잘 아는 모양이었다.

그나저나 나도 술을 많이 들지는 못하지만 주석을 피하지는 않는다. 입술에 붉은 칠을 한 것이라도 있으면 금상첨화겠지만 어찌됐건 술집은 마음 편한 곳이 좋다. 호주머니 사정이 탐탁지 않으면 뒷골목 목로주점을 찾지만 은근 슬쩍 엉덩이 큰 주모라도 있길 바란다. 술집 주모의 엉덩이는 단골손님을 꾀는데 분명히 일몫을 하는 것이다. 남정네들이라고 무슨 흑

심이 있어 그런 게 아니라 나이를 먹게 되면 괜스레 속이 허虛해지고 다리가 휘청거린다. 이럴 때 주석이 필요하고 술이 필요하다. 주석 험구險口가 좀 진하기로서니 객기로 고담준론高談峻論을 떠벌려 씨부렁거리는 것보다는 낫지 않은가.

주석에는 주석에 알맞은 대화가 있는 성싶다. 술이란 약간 도[狂]는 맛에 먹는지도 모른다. 자고로 천하 주선酒仙 이백李白도 술 먹고 강물 위에 뜬 달을 잡으려다 실수하여 강물에 빠졌고, 근래도 주정酒情을 주정酒酊으로 잘못 안 문도文徒가 많으니 변수주卞樹州가 그 일례一例다. 술독에 동동 떠갈 양의 통술을 마시고 백주에 알몸으로 소잔등에 걸터앉아 시정市井을 행보했다니 그만한 객기면 여자연如自然한 속품俗品이 아니고 무엇이랴. 나 같은 주졸酒拙이야 어찌 그만한 주도락을 알까만 고금에 주색酒色으로 나라까지 넘긴 군왕君王이 어디 한둘이던가. 누구나 경험해 보지만 대작對酌을 하다보면 자신도 모르게 상정에 끌려 절주가 되지 않는다고 한다. 나쁘게 말하면 변명이 되겠지만, 좋게 보면 수긍이 가는 점도 없지 않다. 대저 술이 무슨 그럴싸한 풍미豐味가 있을까만 그들은 술을 마시는 게 아니라 정情을 마셔 취한다는 것이다. 주정酒酊뱅이 아닌 주정酒情뱅이란 아마도 정을 들이켜 취한 술꾼에게 쌀뜨물을 주어도 대취할 것이다. 그런데 술을 호기豪氣로 마시는 주태백들이 인사불성이 된 경우는 너무나 흔하다. 다음날 술이 깨면 하나같이 어제 일을 까맣게 모른다고 잡아떼는 것이 통례다. 폭음을 한 술꾼이 대개 자기 집 앞까지는 긴장을 풀지 않고 당도하여 막상 대문이 눈에 보이면 긴장이 풀려 그만 정신을 잃고 대문 밖에서 하룻밤을 새운다고 한다. 문 앞에 서 있는 전신주를 꼭 껴안고 코를 골며 자는 것이다. 친구에게 들은 말이지만 자기는 만취가 되어 분명히 붉은 색깔의 택시를 탔다고 한다. 그런데 다음날 깨어보니 공중전화박스 안에 들어 있었다. 전화박스가 붉은 색이니 그것이 붉은 색깔의 택시로 보였고, 전화박스의 문짝을 택시의 문으로 착각한 것이다. 택시를 탔다는 안도감에 그만 긴장이 풀려 고스란히 하룻밤을 그 전화박스 신세를 진 것이다. 뿐만 아니라 자기 집 뒷간을 침실로 착각하고 하룻밤 동안 구수한 향내음을 맡으며 주무시는 경우가 있다니 웃지 못 할 일들이다. 나는 술의 참멋을 모르지만 한평생을 절실히 주호경酒壺鏡을 들여다보며 살아간 걸인도乞人圖를 본 적이 있다. 술 담는 호리병 속을 한 눈을 지그시 감고 들여다보면 그 속에 인생과 삼라만상의 묘경을 볼 수 있다는 것이다. 허연 머리터럭을 날리며 허리춤에 주호酒壺를 끼고 주류천하酒流天下를 하며 다 마시고 없는 빈 술병 속 거울을 들여다보며 그는 무엇을 생각했을까?

무릇 세상에 좋은 것이라곤 다 취取했고, 남은 것이라고는 다 흐렸[濁]으니, 차라리 캄캄한 술병 안 요지경瑤池鏡을 들여다보며 사는 것이 의인義人이 행할 바라고 그는 생각했는지도 모른다.

죽절성竹切聲

우리가 조금만 관심을 가지고 귀를 기울이면 자연이 내는 아름다운 소리를 들을 수 있다. 깊은 산속에 흐르는 물소리, 바람소리, 새소리를 비롯하여 심지어는 작은 곤충들이 내는 소리에 이르기까지 우리의 귀에 제 나름의 심상心像을 지어주는 것이다. 우리가 바쁜 세월을 살면서 인간의 소리에만 집착한 나머지 자연이 만들어 주는 이 신비스런 소리들을 듣지 못한다. 특히 도심에서 생활하는 사람은 하루 종일 듣는 것이라고는 거리에 차 지나가는 소리나 기계가 토해내는 소음뿐이다. 소음공해로 찌들 대로 찌든 도회인의 심신은 병들어 피곤하다.

반평생 넘게 도심에서 살고 있는 나는 어릴 적에 시골에 살면서 들은 가장 귀한 자연의 소리를 잊지 못한다. 도시에 살면서 무슨 짜증스러운 소리를 듣게 되면 이내 이 신성한 소리를 혼자 머리에 떠올리고 내 마음을 평정하곤 한다.

그 소리는 다름 아닌 대 부러지는 소리다. 한적한 시골 대숲가에 사는 사람이면 누구나 다 아는 일이지만 한밤중에 대나무가 꺾이는 소리를 듣게 된다. 하늘을 찌를 듯이 꼿꼿이 자란 대나무가 밤새 내린 흰 눈의 무게를 이기지 못하고 부러지는 것이다.

사방이 고요한 한밤중 이 대나무의 통대가 부러져 내는 굉음轟音은 대단하다. 곁에서 들으면 벼락치는 소리처럼 요란하고 이 소리는 사방 십 리 밖의 근동까지 멀리 들리는 것이다.

밤새 새록새록 흰 눈이 내려 대가지마다 쌓여 마침내 대끝이 휘어 어처구니없이 부러지고마는 것이다. 그 연약하고 부드러운 눈송이에 그 큰 왕대가 꺾이는 것을 보면 작은 힘이 모여 얼마나 무서운 일을 저지르는가를 실감하게 한다.

대나무는 옛부터 고절孤節을 상징하는 나무다. 별로 옆가지를 달지 않고 외곬으로만 곧게 자라 그 곧은 성품은 가히 고절한 선비에 비유하였고, 부러질망정 굽히지 않는 그의 기개氣概는 충신의 충절을 나타내고, 그의 잎은 사철 푸르러 매운 풍상風霜에도 꺾이지 않는 아녀자의 정절貞節을 상징하였다.

요새도 세상의 탁음濁音을 싫어하여 속세를 떠나 곧고 바르게 한 평생을 살고자하는 선비들은 집 울안에 대나무를 심어놓고 미풍에 떠는 대바람소리를 들으며 산다.

누가 말했던가. 우리는 불신시대 불신풍토에서 살아간다고.

우리가 이 세상에 태어나서 너와 나 함께 존재해가는 존재양식은 각자가 다르다. 어떤 이는 한 평생을 부富에 집착하며 권력에 아부하며 살아가는가 하면, 어떤 이는 한 평생을 나쁜 짓만 골라 하면서 감방생활을 하는 이도 있다. 자기에게 주어진 삶은 자기 마음대로 살 권리가 있지만 사람들은 너무나 부정직한 일을 쉽게 저지르는 것이 오늘날의 특징이라면 특징이다. 작은 일에서부터 큰 일에 이르기까지 부정不正을 너무나 쉽게 생각하는 것이 큰 걱정이다.

모든 부정이나 비행이 다 그렇겠지만 맛을 들여보면 아편처럼 뗄 수가 없다. 부정이나 비행의 연속이 오늘날 우리의 사회상이고 보면 나는 언젠가 술김에 뱉은 친구의 말이 기억난다. 그는 괴상한 발상으로 공상한 적이 있다.

특히 청소년들의 범죄가 심한 크리스마스 이브나 연말연시 때 시내 각 숙박업소마다 불륜의 음란행위가 난무한다고 들었다.

그는 말하길 그런 야밤에 부정不貞을 저질러 처녀성을 잃을 때마다 '펑-'하고 대포알 터지는 소리가 났으면 좋겠다는 생각을 하게 되었다. 그렇게 되면 숙박업소가 집결되어 있는 남서울 같은 곳에서는 부정不貞이 자행되는 소리로 여기 저기서 마치 폭죽터지는 소리처럼 요란할 게 아닌가.

천하에 몹쓸 공상이지만 나는 죽절성이 얽힌 속사俗史 한 토막을 얘기하고자 한다.

옛날 남편이 조사早死하고 홀로 살아가는 대가댁 청상靑孀이 있었는데, 같은 집에 사는 하인(머슴)이 그녀에게 연모의 정을 품었다. 그러나 그 연모의 정이 너무나 뜨거워 새파랗게 젊은 청상에게는 소태를 씹듯 쓴 고통이 아닐 수가 없었다. 하지만 워낙 내려온 그댁 가도家道가 지엄至嚴하여 감히 사통私通은 엄두도 못낼 일이었다. 십 년이란 긴 세월이 흐르는 동안 요원의 불길처럼 타오르는 하인놈의 그녀에 대한 집념은 달이 갈수록 짙어만 갔다. 집요하게 그녀를 괴롭혔지만 그녀의 마음은 조금도 동하지 않았다. 어느 눈 내리는 겨울밤 하인은 음심을 품고 그녀가 자고 있는 규방을 몰래 숨어들어갔다. 급기야 그녀를 덮쳐 정을 통하고 말았다. 어이없는 일이었다. 그녀는 품고 있던 은장도를 꺼내어 꽃같은 가슴팍을 스스로 찔러 자결하고 말았다.

그런데 이상한 일이 일어났다. 그녀가 겁략劫略당하던 그 날 밤 뒤란 대숲에 왕대가 부러져 죽절성이 천지를 진동케 했다. '펑-'하고 통대 분질러지는 소리가 철천徹天했다. 이상히 여겨 가보니 왕대가 부러진 그 곳에 붉은 피가 흥건히 고여 있었다.

봉평 달빛

여사旅舍에 동행인이 잠든 사이 나는 슬며시 침실을 빠져나와 봉평 들판 달빛 속에 들어섰다. 수박덩이만한 정월 대보름 달이 산등성이에 덩실 실려 있었다. 초저녁 갓 솟은 달은 놓쳐 버렸지만 중천에 지금 흐르고 있는 달은 흡사 어린 학동들이 크레용으로 도화지에 그린 붉은 짐승 같은 낯짝을 하고 있어 웃음이 난다.

이효석이 쓴 ≪메밀꽃 필 무렵≫의 장돌뱅이 허생원이 모는 당나귀의 방울소리가 어디선가 청청히 들려올 듯한 그런 호젓한 달밤이다. 경칩을 지났으니 응당 봄은 봄이련만 봉평 두메 밤바람은 아직도 콧등이 알싸하니 시리다. 샛강 얼음장 밑에 흐르는 개울물 소리는 하릴없어 달빛을 완상하는 나그네의 객수客愁를 보챈다.

싸늘한 은백색 달빛 아래 걷는 내 마음은 짙푸르게 흘리는 월색에 절어 차라리 섬찍지근함까지 준다. 낮에 한바탕 내린 눈으로 산과 들은 흰 옷을 갈아 입어 백야白野에 맑은 만월滿月이 퍼붓는 달빛은 밝디 밝아 내 손금이 훤히 들여다 보일 정도다. 부서내린 달빛을 밟아 가만 가만 들길을 재촉한다.

이효석의 글에 봉평땅은 보이는 곳마다 메밀밭이라서 개울가 어디 없이 하얀 꽃이고, 피기 시작한 꽃이 소금을 뿌린 듯이 흐뭇한 달빛에 숨이 막힐 지경이라고 했다. 이 밤 내가 걷는 이 설원도 하얀 메밀밭이 아닐까도 싶은데 지금은 메밀밭이 아닌 눈밭이 달빛에 푸르게 젖어 내 숨통을 조이고 있다. 밤중이 지난 무렵이면 죽은 듯이 고요한 침묵 속에서 짐승 같은 달의 숨소리가 손에 잡힐 듯이 들린다고 했다. 그 짐승 같은 달의 숨소리를 한번 들어볼 요량으로 귀를 쭈빗 세워보았으나 사방에 들리는 건 들바람 소리만 나를 얼렁댄다.

달을 두로 짐승 같다고 했으니 그나 나나 같은 느낌이고 그가 푸른 달빛에서 산짐승을 만난 듯 섬찍함을 느끼는 그 심사를 이해할 만하다.

달빛을 두고 슬프다니, 처절하다느니 표현을 하는 것을 보면 달빛을 보고 느끼는 사람의 심성에 따라 짓는 심상도 다양하다 싶다.

멀리 보이는 산발치 동네 빤히 비치는 들창문 불빛이 따스하게 내 마음을 녹인다. 눈썹 밑에 감도는 세월에 익혀온 나의 허튼 몸짓이 자꾸만 쑥스럽고 어색해진다. 뚜벅 뚜벅 눈밭을 흥심없이 밟는 가슴은 객창客窓에다 몸을 묻는 여심旅心의 외로움으로 채워져 있다.

억지 가슴으로 봉평 달빛에 스스로 심취하려 힘씀은 고단한 몸으로 멀리 달려온 탓도 있겠지만, 그러나 갈 길이 그리 멀지 않다는 내 나름의 어림도 있어 그런가 보다. 어떻든 홀가분한 달밤이다.

하늘을 배경으로 병풍처럼 둘러쳐진 산맥의 능선을 눈길로 그어본다. 거긴 하늘과 땅이 기묘히 만들어낸 조화가 보인다. 선 자리에서 한 바퀴 맴을 도니 달빛의 출렁거림이 춤이 되어 어지럽다. 골짝에 널려있는 달빛 자락이 윤무輪舞로 인하여 얼룩이 져서 어지러운 게다. 달빛 서정, 달빛 낭만이 이런 건가 싶다. 과시 달의 숨소리가 손에 잡힐 듯 가깝게 느껴지는 순간일레라.

나라 안에서도 겨울철이 가장 긴 봉평땅은 가을걷이가 끝나기도 전에 살얼음을 밟아야 한다고 들었지만 아직도 그 긴 겨울잠을 산야가 곤히 자고있는 게로구나 생각하니, 남의 숙면熟眠을 훼방놓는 사람 같아 조금은 불편한 심금이다.

이 이슥한 밤에도 어딜 가는지 멀리 산허리에 걸쳐있는 포도鋪道에는 차의 불빛이 어른댄다. 아마 멀지 않은 인근에 유수한 스키장들이 있다더니 그리로 이동하는 차량들인가 보다.

한겨울의 매운 한기寒氣는 가신 대기여서 그리 춥지는 않지만 가끔 설산이 뿜는 밤바람이 서슬을 높이는 바람에 몸이 움씰 떨린다.

한기를 쫓을 양으로 담배개비에다 불을 붙이는 찰나 철푸덕 하는 소리에 놀라 고개를 드니 숲가에 선 나무가 눈더미를 쏟아내리고 있다.

봉평은 강원도에서도 높은 고지로 해발 6백미터나 돼 태백산맥 등줄기를 올라타고 앉아 있어 설색기雪塞期는 나들이가 매우 불편하다고 한다.

낮에 산재를 넘어올 때 차창에 함박눈이 휘날려 지척을 분간키 어렵더니 그새 하늘이 개이어 저리 말간 달을 볼 수 있으니 이는 우연한 분복은 아닌 듯싶다.

부서 내린 월광이 눈바닥에 맞닥뜨려져 이는 저 선연한 빛깔은 흡사 시체를 싼 흰 수의를 보는 듯 신비스럽다. 이효석의 '메밀꽃'의 베일 속에 감춰진 얘기 전편이 달빛 속에서 이루어진 사건이고 보면, 효석이 봉평 달빛의 경이驚異에 어지간히 감동하였구나 싶다. 달빛이 저리도 선연鮮姸하면 달이 짐승같이 보일 법도 하단 말이다.

아무려나 봉평 달밤이 환상적이라기보다는 인상적이라고 말하고 싶다. 달빛 젖은 물레방앗간 사건처럼 허생원의 말마따나 무섭고 기막힌 일이 내 팔자에는 없고 보면 봉평 달빛이 그처럼 환상적일 리는 없고, 인상적이란 말도 한국땅 어딜 가나 이만한 자연이야 없을까만 낮에 들린 객주집 점심상에 개평으로 나온 대보름의 부럼에 기인한 까닭도 있다고 보아야 한다.

저 맑은 달빛만큼이나 맑은 인심이 도는 고장이 봉평이 아닌가 한다.

공상천하空想天下

이 세상에 공상만큼 부질없는 일도 있을까? 또 이 세상에 공상이 없다고 생각한다면 얼마나 삭막한 세상이 될까? 그래 없어 삭막한, 있어 부질없는 것이 바로 이 공상이 아니던가.

우리가 하루 해를 보내지만 실속있는 생각은 잠시일 뿐 허구많은 시간을 공상으로 헛되이 보낸다. 나는 공상을 예찬할 생각은 조금도 없지만 우리 마음에 만족이란 이기심만 버리면 공상도 행복의 일몫을 하리라는 생각이다.

대체 행복이란 게 무엇인가? 흡사 인간의 행복이란 예측하기 힘든 일기예보와 같은 것이 아니던가. 개었다가 흐려지고 흐렸다가 개이는 변화불측한 날씨라고 한다면 틀린 말일까?

행복이란 행복을 모르고 살 때가 행복하단 말이 참말로 맞는 것 같다. 우리가 복잡한 세상을 살면서 피곤해진 영혼을 잠시나마 휴식의 침상에 뉘일 자리가 있다면 그곳은 공상천하일 것이다. 나태한 자가 공상이 많다고 하지만 반드시 그렇지만은 않은 것 같다. 누구나 바쁠 때는 공상이 천덕꾸러기가 되지만 한가할 때 자청하여 공상을 즐기는 것을 보면 지녀도 안 지녀도 좋을 듯한, 지녀도 섭섭 안 지녀도 섭섭할 듯한 야릇한 속성을 가진 것이 공상인 듯 싶다. 공상은 감미로운 꿈처럼 올 때 소리없이 왔다가 갈 때도 소리없이 가버린다. 공상은 가까워지려면 멀어지고, 멀어지려면 다가서는 것이다. 그 속성이 우유부단하고 자유분망하여 현재와 과거를 무시로 왕래하는 오만한 자유인이요, 소청所請도 없는데 불시에 방문한 불쾌한 불청객이요. 자제심 없이 남의 사색의 규방閨房을 함부로 넘보는 무례한 무법자다. 하지만 아무리 탐하여도 지나침이 없고 또 지나쳤다손 치더라도 손해가 없는 게 공상이고 보면 신묘한 데가 있다고 할 것이다. 가령 어떤 이가 있어 남의 내밀內密한 사정을 턱없는 공상으로 간섭했다고 하자. 그러나 누구가 그걸 눈치채고 악인으로 몰아 벌을 주며, 고요한 겨울밤 차 한 잔을 뎁혀놓고 서상에 팔을 괴고 공상의 기와집을 수없이 지었다고 하자, 누구가 그걸 알고 그를 미련타고 혀를 차랴. 지었다 허물지만 무슨 고의성이 있으며, 허물었다가 다시 지어본들 무슨 자취가 남았던가. 오직 그의 낭만을 완미玩味할 줄 모르는 자가 코웃음을 주리라. 허나 그의 은택恩澤을 모르는 자가 그에 대한 선심을 축소하려고 든다면 나는 그를 용렬한 자로 여겨, 가령 그런 자가 주점酒店에 들러 미모의 접대부로부터 흔쾌한 시중을 받았을 경우 단돈 한 푼 은전恩錢을 베풀지 않는 자로 사료되어 미움을 받을 것이 뻔하다.

내가 알기로는 공상은 우리에게 찾아와 어김없이 무엇인가를 제공하지만, 그러나 그가 올 적마다 그가 찾아온 뜻을 엄숙히 우리에게 묻지 않고서는 아니 두는 까닭이 있다고 보는 것이다. 비록 공상을 두고 궁상맞다고는 하나 그에게 발足만 부착하면 천지사방 못갈 곳이 없고, 비록 공상이 걷잡을 수 없다고는 하나 그에다 나래만 달면 구구만리 장공을 날지 못할 곳이 없다. 때로는 공상이 빗나가 수습할 길이 묘연해지지만 그러나 초래한 결과가 아무런 피해가 없는 마당에 안타까울 게 무에 있겠는가.

따분하고 무료할 때 궁벽한 시간을 메우는 데는 이보다 더 다행한 청량제 어디 있던가. 공상의 은혜로움으로 친다면 가진 것이 없는 자가 배부를 수 있는 기회는 공상이 시작될 때요. 망상妄想의 애인을 문득 마음에 떠올려 회정을 풀 수 있는 기회도 공상이 진행될 때다. 설사 그 일들이 다 헛되다고 하지만 헛될 때 헛되더라도 이런 요행스런 만끽이 있다는 것은 모두 공상의 음덕이 아니고 무엇이랴.

인간은 참으로 고독한 존재다. 고독하다 하여 생각해 보면 더욱 고독한 존재가 인간인 것이다. 필시 이 고독은 미충족된 욕망으로부터 비롯되었고, 이 욕망은 저 동굴 속 은자隱者가

운명이란 이름을 붙여 그의 선물로 우리들에게 보낸 것이다. 회색빛 마음의 창가를 우울한 발걸음으로 지나가는 검은 그림자가 있으니 이는 고독에 병든 자다. 이 고독에 깊이 병든 자를 위하여 동굴의 은자는 또 하나 무상無償의 선물을 준비 했으니 이는 공상이다. 공상은 고독을 치유해 주지만 사람들은 그 공상의 허무만을 들어 탄식하는 것이다.

공상이 왔다 간 뒷자리는 언제나 삭연索然하다. 그래도 다행한 것은 애초 공상을 시작할 때 화려한 결말을 기대하지 않았길래 그리 처절하지 않은 것이다.

우리는 번번이 공상에 속혀 빈 마음으로 남지만 워낙 고독에 무기력한 것이 인간이고 보면 빈 마음일망정 공상을 애지愛持해야 할 운명에 놓이는 것이다. 봄날 갓 핀 복숭아꽃처럼 활짝 공상의 나래를 폈다가도 이내 이것이 공상이라는 생각이 들면 힘없이 폈던 나래를 접는 것은 그가 가진 숙명적인 실행의 희박성 때문이라고 믿는다.

우리는 눈꼬리가 짓무르도록 의식을 세워 공상의 온 밤을 보내지만, 그러나 이튿날 밝아오는 여명과 함께 바람처럼 사라지는 그의 발자국소리를 듣고서야 "아차 내가 속았구나"하고 보낸 밤의 야속함을 속쓰려 하는 것이다.

나는 어려서부터 공상을 좋아하는 아이로 자라왔다. 공상속에서 빛깔 고운 사랑을 지을 줄도 알았다. 그 덕택으로 글쓰는 사람이 되었고, 또 후회없이 그렇게 살아갈 것이다. 몽상夢想

으로 자라왔으니 몽상으로 절로 죽으리라. 오죽했으면 '공상으로 짓는 기와집'이라고 했으랴만 내 한평생 짓고 허무는 반복의 집이라 해도 내가 좋아 짓는 집이고 보니 이를 어찌하랴. 나는 그 집에 안거하면서 여생을 홀로 보내리라.

겨울 달빛

경쟁자

구석자리

상여집 추억

결전의 날

무상고독록無償孤獨論

우정론友情論

겨울 달빛

참으로 사람의 한생은 기구崎嶇하다. 더욱이 문둥이로 한평생 살아가야 할 팔자라면 더 보탤 말이 없으리라.

겨울 달빛에는 문둥이의 한恨이 서려 있는 듯 문둥이의 환상이 겨울 달빛에 오버랩된 것은 실지로 나의 유년 시절에 있었던 조그마한 추억 때문이다. 그런데 하필이면 그 생각이, 아니 까마득한 유년의 추억이 오늘따라 되살아나는 것은 무슨 그럴싸한 깊은 인과因果가 따로 있었던 겐가. 그도 아니라면 내 삶의 힘겨움이 반란을 일으키는 건가. 나는 도회지에 살면서 오랫동안 달빛을 구경할 수가 없었다.

보름달은 중천에 덩그마니 떠 있건만 달빛은 통 볼 수가 없다. 주위에 흘러나온 인광燐光이 달빛을 죽여버려 눈을 닦고 보재도 달빛 한 오라기 보이지 않는다. 언젠가 고향산천을 가면 달빛을 보리라고 별렀던 터이다.

어머니 기제忌祭를 구실삼아 며칠 짬을 내어 두메 고향에 머물 겨를이 생겼다. 잠을 자다 우연히 기침하여 밖을 내다보니 겨울 만월滿月이 산등성이에 높다랗게 실려 있었다.

나는 두툼한 핫옷을 입고 살며시 달빛 아래 들어섰다. 마을의 고샅길을 벗어나 질펀한 들길로 나서니 월색은 더욱 찬연燦然하였다. 이슥한 밤 냉기가 체온을 식히고 영혼을 얼구지만 그래도 달빛에 고즈넉이 젖어보는 맛은 별따로이 있는 듯 모처럼의 빌붙는 분복에 포만감마저 느꼈다.

겨울 달빛은 핼쓱 야윈 여인의 창백한 얼굴빛이다. 잔잔히 길바닥에 깔린 은파銀波를 밟고 가노라면 흰 고무신 발에 금세 은물이 묻어날 것만 같고, 오지랖에 묻은 달빛을 훌훌 털면 은가루가 폴폴 날릴 것만 같다. 맑게 흘러내리는 달빛은 인간의 뇌리를 뚫어 그 속에 들어있는 고뇌까지도 읽을 수 있을 듯 투명해 뵌다. 사위四圍가 어두워야 달빛이 더욱 현란하고, 사방四方이 고요해야 달빛은 한층 교교皎皎하다. 부서져 내리는 달빛에 게걸스레 광욕光浴을 즐기며 혼자 노닐다 보니 심혼心魂은 황홀하다 못해 외로움마저 든다.

고독도 행복인가 싶은데 어찌 찬 겨울 달빛이 아픔으로 쉬이 다가서는 것일까. 잊혀진 과거사가 미성未醒 가운데 새삼스러우니 그것은 분명 멜로드라마의 눈뜸인가보다. 내게 어릴 적 문둥이 동무가 한 사람 있었다.

초등학교 5학년 때이던가. 새학년이 되어 내 책상짝궁이 정해졌는데 예쁘장한 남아가 내 정받이 동무가 되었다. 나는 그 동무를 무척 좋아했고 그도 나를 마음에 들어했다. 둘 사이는 정이 들었고 마다못할 죽마고우竹馬故友가 되었다.

그런데 어찌 그런 일이 있을까보냐? 내 정받이 동무는 학년 말쯤에 나병癩病이 발병하여 온몸에 헌데가 일어 급기야 퇴학을 당하고 말았다. 그가 남긴 충격은 어린 내가 감내하기 힘들었지만 어쩔 수 없었다. 내 동무는 살던 동리에서도 내쫓겨 인근 산밑 외딴집에 격거隔居하게 되었고, 그의 부모님은 먹을 양식과 옷가지를 챙겨 그를 아픔으로 떠나보낼 수 밖에 없었다. 그때만해도 나환자는 비정스레 부모와도 접근을 막는 것이 마을의 법도였다. 애의 어머니는 산모룽에 있는 외딴 빈집에 당도하여 가지고간 음식으로 정성껏 한 달동안 먹인다. 문둥이가 된 자식은 이것이 막죽이라는 어미의 속마음을 알 턱이 없다. 가지고 간 양식이 바닥이 난 어느 날, 어머니는 사랑하는 자식을 비정스레 떠나보내야만 했다. 어미는 아들을 무릎 앞에 불러 앉히고 시퍼런 부엌식칼을 방바닥 한복판에 내리 꽂는다. "너는 이제 문둥이 되었기에 어미와는 함께 살 수가 없는 게야, 어미곁을 떠나가야만 돼" "만약에 이 어미를 따르게 되면 어미는 이 칼로 가슴을 찌르고 꼬꾸라져 죽을 거야. 알겠냐?" 어머니는 자식 앞에 표독스럽게 단호한 표정을 지어 보이고 뒤돌아 섰다. 어미와 자식 간에 그 비정스러움이 오죽할까. 자식을 길바닥에 버리고 돌아오는 어머니의 두 눈에 핏눈물이 흘러내렸다.

정반이 짝궁을 잃은 나는 몹시 마음이 아팠다. 사랑방에 호롱불을 끄고 겨울 달빛이 창호지문에 어슴프레 비치면 바람결에 어린 문둥이의 울음소리가 들려왔다. 야심한 밤 산마루에서 "어무이－ 어무이－." 바람결에 묻어오는 비명은 어린 문둥이가 어미를 찾는 외침이었다. 절박한 절규였다. 그리움의 목마름이었다.

멀리서 바람을 타고 가물가물 들리는 그 목소리가 어린 나에게는 귀신의 울음보다 더 무서웠고 살갗에 아스스 소름이 돋았다. 나는 두 손으로 귀를 틀어막고 내 동무의 음성을 외면하려 했다. 달빛 아래 어정거리는 문둥이를 상상하면 나는 마치 몽유병을 앓는 환자처럼 이불을 뒤집어 쓰고 오한으로 식은 땀을 흘려야만 했던 것이다.

내 어릴 적만해도 거리에는 나환자들이 득실거렸다. 달밤에 오쟁이를 걸머지고 어슬렁 어슬렁 밤길을 다니는 문둥이를 만나면 기겁을 하고 문간으로 쫓겨 들어왔다. 그 이후 시골 장바닥에서 걸식을 하는 친구를 한두 번 본 기억이 있을 뿐, 내 동무는 길나그네가 되어 영원히 사라졌다.

그가 살던 외딴집이 겨울 달빛 아래 아슴히 보인다. 푸른 달빛이 내 가슴에 어지러이 구겨진다. 고적한 마음 한 파람이 내 목을 조인다. 산야山野에 흐르는 은하가 어느새 붉은 비가 되어 진달래빛 바다로 내린다. 어미와 자식을 갈라놓는 비정스런 유한遺恨이 나를 울린다.

다시는 서로 다가설 수 없는 천륜의 비정이 핏빛 달빛으로 내 눈을 물들이고 있다. 문둥이의 붉은 한이 곤두섰다 산하에 내리꽂힌다.

그렇다. 어찌 생각하면 우리 모두가 하릴없는 사람들인가도 싶다. 그나 나나 우리는 같은 처지, 같은 신세의 길나그네가 아닌가. 온통 상처투성이의 맘을 안고 궁그리다 언젠가 길따라 떠나가는 문둥이 길나그네 말이다.

모처럼 달빛 완상이 차라리 내게는 목메임이었다. 자꾸만 앞당겨지는 나의 인생길이 유한스럽게만 느껴진다. 겨울 달빛 아래 엉거주춤 서 있는 초췌한 내 모습을 떠올리고 있노라니 옛적 못잊을 이름 석자가 내 목젖에 걸려 껄떡댄다.

경쟁자

밤만 되면 우리집을 찾아오는 손님이 있는데 그 손님은 다름 아닌 천장에 든 쥐다. 선천적으로 신경이 예민한 사람이라 옆에 누가 코만 골아도 잠을 못자는 성미다. 베니어 천장 위를 달음박질하는 쥐생원의 댄스는 내 간장을 녹여준다. 초저녁에 천장에 들면 새벽까지 부시럭거리고 이빨로 나무때기를 쏠아대는 소리가 밤귀 밝은 나를 환장하게 만든다.

달포전만 해도 뜨락에 암괭이 한 마리를 먹여 쥐새끼라고는 얼씬도 못했는데 암괭이가 쥐 먹으라고 놓아 둔 쥐약을 대신 처먹고 흉사한 뒤로부터 쥐가 날뛴다. 성질같아선 잡아 죽이고 싶지만 워낙 날랜 놈이라 어찌 할 수가 없는 것이다.

내 집은 한옥 고가인데다 지붕의 박공에 틈이 벌어지고 또 서까래 밑에도 구멍이 뚫리어 그리로 쥐가 들락거린다. 전에

흉사한 고양이 덕택으로 우리 집에는 한동안 쥐가 없었는데 아마도 이웃댁에 붙인 쥐들이 밤에 월장을 해서 지붕밑으로 기어드는 모양이다. 밤이면 괴롭히는 이 쥐들을 잡아버리려고 군데군데 쥐약을 놓아 보았지만 눈치 빠른 쥐생원들은 속을 생각을 통 않는다. 쥐틀을 사다가 맛있는 미끼를 달고 고소한 참기름까지 발라놓았지만 그도 허사였다. 문명사회에서 자란 쥐라서 미끼나 덫쯤은 용케 피해버린다.

이제사 고백하지만 나는 쥐라면 양발 양손 다 든 사람이다. 지혜로나 육체로나 쥐생원을 당해 낼 수가 없다. 워낙 운동신경이 발달해서 벽을 기어오르거나 위급할 시 몸을 숨기고 빠지는 재주는 도저히 당할 수가 없는 것이다. 날렵한 몸매에 빠른 동작을 구사하는가 하면 거기다 임기응변의 간계까지 갖추어 여간 영악한 동물이 아니다. 지략이 뛰어나고 용감성을 보탠 놈이라 나는 쥐 보길 지용知勇을 갖춘 명장名將으로 생각하게 되었다. 비록 바가지 밑의 밥풀을 주워먹고 사는 동물이지만 나는 그의 외양만 보아도 소름이 끼칠 정도로 사족四足을 못쓴다.

어느 조용한 여름밤에 일이 벌어졌다. 초저녁부터 천장에 기어든 쥐 한 마리가 나를 상심케 했다. 쥐는 천장 위에서 빠드득 빠드득 통나무를 깎고 나는 천장 밑에서 이빨을 갈았다.

까다로운 성미에 화를 물고 불면의 밤을 지샐 각오를 단단히 하고 있는데 자정을 넘길 즈음에 놀라운 일이 일어났다. 이빨로 천장을 쏠아 낸 구멍을 통하여 쥐 한 마리가 방바닥으로 하강下降하여 휴지통 뒤에 숨었다. 나는 갑자기 분노와 흥분이 가슴 깊은 곳에서부터 일기 시작했다. 살며시 이불을 걷고 머리맡에 둔 걸레를 쥐고 얼른 천정 구멍을 틀어막았다. 다시 닫혀있는 출입문을 확인하고 벽에 걸린 먼지털개를 거꾸로 들었다.

"요놈 너는 독안에 든 쥐가 아니라 방안에 든 쥐새끼다."

"꼼짝없이 걸려들었으니 네 신세가 말이 아닌 것이로되 감히… 요놈." 하고 휴지통을 내리쳤다.

쥐가 후딱 도망쳤다. 매에 몰린 쥐는 동작이 몹시 빨라졌다. 책상 밑에 숨었는가 했더니 잽싸게 반대 방향에서 현신했다. 도망가는 쥐를 향해 돌진했다.

그러나 허사였다. 서가 뒤로 숨은 쥐는 자취를 감춰버렸기 때문이다.

"쥐새끼같은 놈 두고 봐라."

매를 든 내 손은 대단한 각오로 떨고 있었다. 한참만에 쥐의 행적 소재를 찾아낸 나는 기쁨으로 안도의 숨을 내쉬었다. 그는 서가 뒤도 밑도 아니고 서가 꼭대기에 놓아둔 서류뭉치 뒤에 숨어 있었다. 나는 의자를 놓고 발돋움하여 서류보따리를 매로 쳤다. 쥐는 후닥딱 아래로 내려 뛰었다. 나도 함께 뛰어내렸다. 밟았다 했는데 어느새 빠져버렸다. 둘은 흥분하여 죽기살기로 결사적인 행동을 취했다. 뛰거니, 딸커니, 동서로 뛰고, 남북으로 설쳤다. 놈은 나보다 발이 빨라 번번이 실패한 나는 약이 오를 대로 올랐다.

'이 밤을 새우는 한이 있어도 너를 잡아 죽이고 말겠다'고 고쳐 결심했다.

아랫목에 있는 궤짝 밑에서 휴식을 취하고 있는 쥐를 막대기로 내몰았다. 먼지털개 대신 목비를 거꾸로 들고 도망가는 쥐를 바짝 가까이 따랐다. 박살을 낼려고 힘껏 딱— 내려쳤지만 그러나 이번에도 허탕치고 말았다.

쥐는 내 바짓가랑이 사이로 쏙 빠지고 말았던 것이다. 눈앞에 빤히 보면서 못잡는 내 속은 끓었다. 극도로 악에 바친 내 소갈머리가 나로 하여금 이성을 잃게 했다. 나는 손에 잡히는 대로 도망가는 쥐를 향해 던졌다. 책, 깔방석, 베개, 휴지통 할 것없이 손 닿는 대로 사정을 두지 않고 던졌다. 쿠당탕 쿠당탕 던지는 소리가 조용한 여름밤을 소란케 만들었다. 방안은 삽시간에 수라장이 되었고 내 눈알은 독살이 올라 시뻘게졌다. 하나, 쥐란 놈은 보란 듯이 머리 위에 쏟아지는 벼락이란 벼락은 모조리 피해 끝내 삼십육계를 놓았다.

"도저히 안 되겠다, 그래 네가 형님이다."

"어떻게 보면 너나 나나 다를 게 뭐냐, 꼭 같은 처지인 걸, 한 생 바가지 밑에 밥풀 물러 다니는 동물로서…."

혼잣말을 중얼거리며 책상에 걸터앉아 담배개비에 라이터를 켜고 불을 붙였다. 그만 포기하고 다시 무슨 수를 내어 잡아야 되겠다고 생각했다. 육체적으로 도저히 당해낼 재주가 없다고 단정을 짓고 두뇌를 짜서 한 수 윗수를 써야 되겠다고 생각했다. 가령 고양이를 구해다 천장에 들여보낸다든지.

나는 오만 궁리를 다하면서 피던 담배꽁초를 끄려는 바로 그 순간, 이크 쥐새끼가 얼굴 정면에 나타났다. 꼼짝 않고 나를 조롱하듯이 노려보고 있었다. 나는 살며시 옆에 있는 재떨이를 더듬어 쥐고 번개처럼 후려갈겼다. 아서라! 이번에도 쥐는 보기 좋게 튀고 말았다. 또 맹탕이다. 책상 위에 쌓인 책들만 와르르 무너져 내렸다. 쥐는 서가 위에 올려놓은 병풍 뒤로 숨었다. 나는 무의식중 책상 위에 올라섰는데, "여보 당신 미쳤오, 도대체 당신 그 꼴이 뭐요."

나는 건넌방에서 자던 아내가 옆에 온 줄도 모르고 있었다. 아내가 손가락으로 가리키는 대로 눈을 돌려 아래로 훑어보고 나는 놀라지 않을 수가 없었다. 쥐잡기에 열중한 나머지 팬티가 벗겨져 알몸이 된 것을 모르고 있었던 것이다.

"저 놈의 쥐새끼가…."

어물어물 말끝을 흐리는 내 꼴을 쳐다보는 아내와 나는 함께 큰 소리를 내어 웃었다. 아내와 내가 땅바닥에 흩어진 물건들을 정리하고 다시 자리에 누웠을 때 나와 생존권을 겨루던 경쟁자는 또 다시 천장에서 바삭거리고 있었다.

구석자리

지구란 땅덩이가 둥글다는데 둥그런 땅덩이 위에 무슨 구석자리가 있다던가, 구석자리는 늘 썰렁한, 그런 장소이던가.

옥상의 구석자리는 폐화분이 놓여 있고, 부엌 구석자리에는 묵은 김칫독이 놓여 있고, 마루 밑 구석자리에는 털 빠진 똥개가 자리 잡고, 마당 한 구석에는 거름자리가, 변소간 구석자리는 똥장군이 놓여 있다.

그런가 하면 할아버지가 기거하는 사랑방 구석자리에는 요강단지가 차지하고, 책상 밑 구석에는 휴지통이 있고, 카센터 사무실의 구석자리는 늘 시다바리가 앉는 자리다. 그러니깐 별볼일 없다 싶은 것들은 모두 구석자리로 밀려나 있다.

그리고 밭뙈기 구석자리에는 호박 심을 똥구덩이가 있고, 담장 밑 구석은 하수구가 자리하고, 난시장 구석자리에는 공중

변소가 놓여 있다.

지하철 구석자리는 노숙자가 지키고, 그 노숙자의 눈구석에는 눈곱이 끼어 있고, 그 사람 몸의 맨 밑 구석진 자리에는 배설기관이 놓여 있고, 그 배설구의 구석자리에는 치질병이 돋아나 있다. 맨 지저분한 것들은 죄다 구석자리로 몰아 놓은 것이다.

전철칸 구석에 놓여 있는 경로석이 힘없고 썰렁한 곳이기는 마찬가지지만, 구석자리라고 해서 다 꼭 그런 곳은 아니다. 때론 옹골질 때도 있다.

구강口腔의 맨 안쪽 구석에는 사랑니가 솟아 있고, 다락 안 구석에는 꿀단지가 놓여 있고, 옷장 안 구석자리에는 보석함이 감춰져 있고, 책갈피 구석자리에는 달콤한 연애편지가 끼어 있고, 속주머니 안쪽 구석에는 뻥땅을 꼽쳐 놓는다. 이렇게 깔축하게 옹골찬 것들도 있지만 그러나 도둑놈의 마음구석에는 도둑놈의 심보가 들어있어 소름 끼친다.

항용 우리가 살다가 보면 자리물림을 하게 된다. 앞자리에서 뒷자리로 물러나고, 뒷자리에서 다시 구석자리로 밀려나면 정말 살맛이 안 난다. 하지만 달리 생각해 보면 뒷자리가 앞자리의 덕을 보고, 다시 뒷자리는 구석자리에다 덕을 뵈어주는 것이다. 돌풍을 얻어맞을 때는 앞자리가 먼저일 테고, 그 뒷자리는 아무래도 그 다음이 될 테다. 돌풍이 거세게 불 때는 구석자리만큼 안전한 장소도 없을 것이다. 지형상 구석자리란 언제나 뒷켠 반은 가리워져 있어 뒷걱정은 안 해도 되는 곳이다. 그래서 바람 탈 기회가 적고 자리 보존을 위해서는 무난한 장소가 되기도 한다.

잠깐 시선을 안으로 돌려, 사무실의 구석자리에 앉아 있는 사람들을 한번 관찰하여 보라. 다 그런건 아니지만 구석자리에 앉은 사람은 어딘가 맹허니 순한 위인으로, 그는 주면 받고, 안 주어도 아무 소리 않는 그런 무골호인형의 사람인 것 같다. 늘 헤벌쭉 입가에 웃음을 흘리며 혈색 한번 훤하게 밝은 사람이다. 호박덩이가 밭때기 구석자리에 처박혀 있다 싶어도 그 자리가 무탈했던지 구석 자리의 호박이 때깔이 반지르르 곱다. 사실 구석자리가 궁색해 보여도 그곳만큼 몸이 편하고, 마음이 여유로운 곳도 없다.

허기사 구석진 세월에 사는 인생이 무에 그리 편할까만 허나 마음먹기에 달려 있어, 적게 먹고 가는 똥을 누고자 하는 사람들은 일부러 외진 구석자리를 선호하는 것이다. 애시당초부터 미리 구석자리를 깔고 뭉개는 반편이도 있다. 연락선連絡船엘 승선하자마자 실내 구석자리를 향해 달려가는 사람이 바로 그런 종류의 사람일 것 같다. 사실 안온한 자리로 말하자면 구석자리가 보호석이 된다. 그래서 도둑놈들이 가는 영창 속 구석자리가 바로 그 지존들의 보호석으로 인식될 수도 있다고 말한다면 망발일까?

나이를 먹어 구석자리로 밀리는 것이 어찌 늙은 노인 뿐이랴. 서슬이 퍼렇던 애비장닭도 자식닭의 힘에 밀려 울타리 밑 구석자리로 몰리고, 철이 가 떨어진 낙엽이 바람에 밀려 구석자리로 몰린다. 권력도 쇠퇴하면 구석자리로 몰리고, 이념이나 사상도 묵고 낡으면 구석자리로 밀려나고, 세상만사 세월 속에 밀리지 않는 것이 어디 있던가. 구석자리가 외로워도 어쩔 수 없는 노릇이다. 구석자리의 차지가 가슴 시려도 어쩔 수 없는 노릇이다. 언젠가는 우리도 산골짝 어느 후미진 구석자리에 묻힐 몸이 아니던가.

허나 본시부터 구석자리에 전세를 든 것이 아니라면, 마루 밑 구석의 쥐구멍에도 볕 들 날이 있고, 빈털털이의 구석주머니에도 동전이 들 날이 있다는데, 혹 오래 비워 둔 서랍 구석에 백만 냥짜리 채권증서 한 장이 나올지 뉘 알리. 구석자리를 눈여겨 살펴볼 일이다.

누군가가 구석자리가 편하게 느껴지면 갈 날이 멀지 않다고 말했던가. 그렇다면 구석자리가 부끄럽게 생각된다면 아직도 유한遺恨한 날이 마감되지 않았다는 의미가 아니겠는가. 나는 때때로 전철칸에 올라 구석에 있는 경로석에 앉기를 한참 망설인다. 나의 이 망설임의 의미 속에는 '구석자리에 앉을 바에야 차라리 서서 가겠다'는 고집 아닌 고집의 묘한 의지의 표현도 상당히 포함되어 있다고 하겠다. 다시 말한다면 나는 내심 경로석의 구석자리가 부럽지 않기를 바라는 마음이 강하게 났던 것이다. 허나 구석자리의 차지는 내가 가고자 하거나 가기 싫다고 되는 것이 아님을 알 때야 철이 들까부다.

'구석자리'란 이 글제로 수필을 쓰면서 내 자신에게까지 온 과정을 새삼스레 반추해 보니 웃음이 난다. 허기사 우리 집 변소간 구석자리에는 여전히 똥장군이 자리잡고 있다.

상여집 추억

고추잠자리가 분분히 나는 서녘하늘에 비켜본 고운 노을과 함께 내 가슴속에 꽃구름의 지순한 감성으로 번져오는 추억 하나가 있다. 그것은 상여집 추억이다.

상여집하면 아마 나이를 먹을 만큼 먹은 분께서 유년의 추억을 더듬어보면 아슴히 생각이 날는지 모르겠다. 산기슭 후미진 곳에 상여집이 자리 잡고 있어 그곳이 마치 전설의 신비가 묻어있는 것처럼 달빛 아래 쳐다보면 야릇한 흥분마저 일으킨다.

울긋불긋 단청을 한 상여를 머릿속에 떠올리는 일부터 별로 달갑지 않은 기분이지만, 그러나 요즈음 보기가 드물다 싶으니 도리어 정겨운 장소로 보임직도 하다. 허나 죽은 사람의 시체를 운반하는 기물을 보관하는 곳이라 사람들은 혐오시설로 여겨 가까이 접근하길 꺼린다. 흙담을 쌓아올려 이엉을 엮어 지붕을 덮은 허름한 산막같은 오두막이다. 달랑 함석문 하나가 달려있다. 누구나 이 상여집곁을 지나칠 때는 무심코 께름칙하게 느껴 발걸음을 바삐한다.

동리 한 안노인은 부슬비가 내리는 어느 날 밤에 상여집에서 파란 혼불이 나와서 하늘로 올라가는 것을 보았다고 했다. 또 동네 한 바깥노인은 밤에 상여집을 지나오다 안에서 여자귀신이 슬피우는 소리를 들었다고 했다. 하얗게 소복을 한 목없는 여자가 뒤를 따라와 똥이 빠져라 달려왔다고 했다. 사실 시체를 얹는 울긋불긋한 상여만 상상해도 무섬끼가 온몸에 오싹 도진다.

헌데 이 무서운 곳이 어릴 적 나의 연애장소가 되었으니 정말 어이가 없는 노릇이다. 요새도 그렇지만 시골이라야 빤한 곳이어서 꽁꽁 숨어 연애할 장소가 없었다. 밀밭 보리밭에 들면 노고지리가 들통을 내고, 갈대밭 속에 들어가면 맹꽁이가 들통을 내고, 마루 밑에 기어들면 강아지가 앙앙대고, 변소깐이라도 갈 양이면 똥파리가 들통을 낸다. 한번은 대낮에 숨을 데가 없어 큰애기를 들찔레 덤불 속에 데리고 들어갔더니 그 속에 구렁이 두 마리가 얼겨 따방을 틀고 대가리를 쫑긋 치켜드는 게 아닌가. 둘은 기겁을 했다. 그러나 물러나지 않았다. 구렁이는 구렁이들끼리, 우리는 우리들끼리 그 속에서 개갰다.

열셋 열넷 처녀 총각이 숨을 곳은 아무데도 없었다. 꽁꽁 깊이 숨어야만 달콤한 것쯤은 알고 있지만 아무리 돌머리를 굴려도 계산이 나오지 않았다. 두 사람의 돌머리를 합해도 그럴싸한 장소를 찾기란 정말 장난이 아니었다.

내 어릴 때만 해도 서슬이 시퍼렇던 시절이라 연애하다 동네 어른들에게 들키는 날이면 과시 죽는 신세나 다름이 없었다. 아무리 암찬 사내도 엉덩이에 뿔이 솟지 않고서는 또 아무리 되바라진 가시내도 엉덩이에 꼬리가 달리지 않고서는 도저히 엄두를 못 낼 일이었다. 용기야 내면 되겠지만 용기를 내기란 결코 예삿일은 아니었다.

머리천정에 아직 숨구멍도 제대로 안 메꾸어진 애송이들이지만 그래도 딴에는 꽤나 어른스런 척했던 나였다. 아랫바지 주머니에 비딱히 손을 찔러 넣고서 휘파람을 불며 덜렁이 가시내 하나를 딸리로 삼아 남몰래 끌고 다녔으니 지금 생각해도 도시 감당이 안 되는 사내였다.

늦가을 저녁나절 비가 추적추적 내리고 있었다. 나는 동리 사람들의 눈을 피해 딸리처녀를 데리고 산숲으로 향하던 중 우연히 상여집을 보게 되었다. 우중에 섬뜩하게 느꼈지만 원래 간덩이가 큰 사내라 점차로 상여집에 호기심이 갔다. 처녀의 극진한 만류에도 나는 아랑곳하지 않고 상여집 함석문의 문고리를 살며시 벗기고 안으로 들어섰다. 사르르 소름이 돋았다. 벌렁이는 가슴을 억제하며 캄캄한 내부로 한 발 두 발 옮겨갔다. 어둠속이 점점 밝아지면서 울긋불긋한 상여가 흐릿하게 눈에 들어왔다. 나는 그녀의 손을 꼬옥 잡고 숨을 죽인 채 상여 곁에 살며시 주저앉았다. 퀴퀴한 냄새가 났지만 가슴이 벌렁대어 아무것도 말을 수가 없었다. 둘은 차츰차츰 침묵으로 일관했다. 밖에는 계속 가을비가 내리고 있었다.

그날 이후 뿔과 꼬리가 달린 두 엉덩이들은 늘 연애장소를 상여집으로 삼았다. 사실 알고 보면 이 상여집만큼 괜찮은 장소도 드물었다. 누가 감히 그 안에 사람이 들어 있으리라고 생각하겠는가? 뭇 시선이 비켜가는 안전한 장소다. 밤마다 찾아간 상여집은 두 사람만의 밀애 장소가 되었고, 처녀도 여기만 오면 마음이 놓인다고 했다.

어느 늦가을 보름달밤이었다. 제집 안방처럼 편안히 상여집에서 두 사람이 속삭이고 있는데 밖에서 무슨 인기척이 들려왔다. 두 사람은 깜짝 놀라서 입을 꼭 다문 채 함석문에다가 귀를 대었다. 밖에서 남녀의 다투는 소리가 들려왔다.

"이녁이 들판에 우리 염소를 쎄비했지메? 내가 다 봤다 아이가."

"이 여자, 사람잡겄네. 무슨 소리를 하는거여."

남자는 딱 잡아뗐다. 두 사람은 다름 아닌 우리 동네 사는 과부집 아주머니와 홀아비집 아저씨였다. 며칠 전 풀밭에 놓아먹인 염소가 없어졌다고 온 동리가 발칵 뒤집혀졌다. 그 염소를 훔쳐간 사람이 바로 홀아비집 아저씨라니 정말 놀라운 일이 아닐 수 없었다.

이 두 사람은 사람의 내왕이 드문 이 상여집 뒷켠을 택해 다투고 있었다. 한참 언성을 높이더니 급기야 남자가 잘못했다며 실토를 하였다. "내가 가을걷이를 하면 당장 어미염소 한 마리를 사줄거여. 임자 속옷도 한 벌 사줄테니까." "됐네요, 당신 맴(마음)이 내 맴 아닝껴. 오늘 밤은 왜 저리 달이 밝은끼여." 한참 침묵이 흐르는 듯하더니 두 사람의 발자국 소리가 상여집 쪽문으로 가까워지는 게 아닌가.

"어떡하면 좋아. 아이구 어떡해." 방방 뛰는 소녀의 손을 내가 나꿔채어 얼른 상여속으로 끌고 들어갔다. 소녀의 쿵쾅거리는 가슴을 보듬은 채 둘은 숨을 죽이고 가만히 상여 속에 드러누워 있었다. 영락없이 상여에 얹혀진 두 구의 시체가 되고 말았다. 이윽고 문고리가 달각거리는 소리가 들리더니 밖의 남녀가 따듬따듬 안으로 전진하여 상여 옆에 자리를 잡는게 아닌가. 소녀는 바들바들 떨며 비지땀을 흘렸다. 나는 소녀의 입을 손바닥으로 틀어막았다. 소녀는 내 가슴팍에 더 바싹 파고들며 자꾸만 내 엉덩이를 꼬집었다. 나는 아프다고 소리 한 번 내지를 수 없었다. 상여 안에 든 두 사람은 상여 밖에 있는 남녀가 나직이 뱉는 좁살숨소리까지 모두 주울 수가 있었다. 감히 상여 속에 사람이 있을 줄 그들이 어찌 알겠는가.

"아이고 나 죽겠네. 나 좀 살려줘용" 밖의 여자가 다급하게 비명을 지를 때마다 소녀는 내 엉덩이를 더 힘껏 꼬집었다. "아이고 이 사람이 나를 죽이네." 요란스레 발악하는 소리가 귀를 찢었다. 바야흐로 상여의 안과 밖의 사정은 지옥과 천당 그것이었다. 아니, 뭐가 뭔지 아무것도 몰랐다는 말이 맞는다. 두려움 때문에 얼굴을 붉힐 겨를도 없었다.

상여집에서 그날 둘이서 들은 염소얘기는 그 후 영영 입밖에 내지 않았다. 훗날 두 사람은 결혼하여 그들 사이에 딸 하나를 두었다. 상여집 안에서 그들이 나눈 그 때의 대화가 내 귀에서 오래도록 떠나지 않는다.

환한 보름달빛이 상여집 문틈으로 새어들 적 부엉이 지즐대는 소리도 함께 새어들었다. 밖에 벼락을 쳐도 안에서 알 바 없이 둘만이 챙겼던 상여집의 오붓한(?) 그 행복, 그 낭만의 시간은 어디로 갔는가?

사람은 가도 추억은 남는다더니, 사랑은 가도 가슴은 남는다더니, 울긋불긋한 상여집의 그 퀴퀴한 냄새가 지금 내 가슴속에 향긋한 분내음으로 고스란히 남아있다.

결전의 날

아무튼 그와 나는 같은 하늘을 머리에 이고 살 수는 없다. 내가 죽든 제가 죽든 둘중 하나는 끝장을 봐야 할까부다. 결전의 한판은 어차피 불가피하다. 나는 그를 생각하며 온 몸에 소름이 돋고, 내 몸 안 뼈다귀란 뼈다귀는 일제히 들솟아 빳빳해진 몸을 가누기 힘들게 한다. 나의 분노가 왜 이리 큰지를 나도 모른다. 순간 두 주먹이 불끈 쥐어진다.

와신상담. 이 결전의 날을 얼마나 오래도록 기다려 왔던가. 나는 이날을 위하여 숫돌에다 칼을 갈고 또 갈았다. 날이 시퍼렇게 서도록 갈고 또 갈았다. 허구많은 불면의 밤은 내게는 견딜 수 없는 치욕의 밤이고, 또 치욕으로 인한 분노의 밤은 차라리 야수野獸의 밤이다. 밤마다 꾸는 꿈속에 나타나는 그의 얼굴은 야수의 그것이었다. 당장 달려가 한 칼로 베어버리고 싶다. 공연히 자신도 모르게 악에 받쳐 온몸이 부르르 떨린다. 허나 선부른 오기는 절대 금물이다. 마음을 다잡고 또 다잡아야 한다. 그렇다. 몸보다는 마음이 문제다. 철옹성 같은 단단한 마음의 대비가 없다면 결코 그를 이길 수 없다. 워낙 몸이 잽싸고 날랜 놈이라 내가 실수를 할 수도 있음이다. 나는 결전의 날에 있을 그 한판을 위하여 몸과 마음을 닦되 무엇보다 우선적으로 심장을 튼튼히 해야한다. 튼튼한 심장이 튼튼한 배짱을 만든다.

다음 무술도 꼼꼼히 익혀야 한다. 불을 뿜는 듯한 매서운 눈초리, 번개와 같은 빠른 칼질로 토막을 낼 날쌘 몸놀림, 혹여 불리한 형편에 처할 때의 대비책 등 빈틈없이 샅샅이 재주를 익혀놓아야 안심이다. 그리고 미리 팔뚝에다 힘을 올려 비축해 놓아햐 한다. 그래야 오래 버틸 수 있다. 누가 뭐래도 싸움은 힘이 장사라야 한다. 팔 다리 허리 가슴의 힘이 모자라면 아무것도 해낼 수가 없다. 뚝심이 보배다. 강한 힘과 노련한 기술, 이 둘은 실전의 날에 승리의 관건이 된다.

결전의 날 결전의 장에 있을 내 모습을 생각해보면 벌써부터 나는 몸이 벌벌 떨린다. 오한이 몰아친다. 흥분은 절대 금물이지만 그러나 이 흥분을 가라앉히는 데는 아직 많은 시간이 소요될 것 같다. 무엇보다 자신감을 길러야 한다. 매사에 자신감이 없으면 되는 일이 없다. 비바람에도 꿈쩍 않는 노목老木처럼 자신감을 얻으려면 먼저 마음의 동요를 없애야 한다. 마음의 동요를 없애려면 강철같은 인내가 선결先決이다. 그 인내를 위해 내가 취할 수 있는 모든 조처는 다 취해서 불굴의 끈기를 길러야 할 판이다. 끈기는 오로지 근면에서 얻어진다. 나는 근면을 위해 부단히 노력할 것이다. 노력, 근면, 끈기, 인내, 자신감 이렇게 차츰차츰 순서를 밟아가면 마침내 결전의 날에 승리는 바로 내 것이 된다.

아무리 재빠르고 날쌘 동작이라도 이를 뒷받침할 끈기와 인내가 부족하면 문제는 심각한 일로에 놓일 수도 있다. 더더군다나 자신감에 의한 담력이 부족하면 위급한 사항이 닥칠 때 제때 위력을 발휘할 수 없다. 미리 미리 몸과 마음을 다스려 놓지 않으면 결정적인 순간에 용기가 꺾일 수도 있기에 염려가 되어 해본 말이다. 미리 걱정을 하는 건 아무리 지나쳐도 나쁠 게 없다. 이를 위해 몸과 마음의 수련을 부지런히 거듭해야 하리라고 본다. 수련도 거듭함으로 얻어지는 것, 수련이 되려면 단계적 훈련이 필요한 게 아니던가. 빠짐없이 단계를 거쳤을 때 수련이 이루어져 완벽에 가까워지는 것이다. 완벽한 실력이 없고서는 그날의 결전장에서 승리를 장담하기 어렵다. 한 동작이라도 실수를 하여 놓치게 되면 그 놈은 나를 쉽게 해치울 것이다. 그렇게 되면 10년 공부가 나무아미타불이 된다.

내가 그에게 패배한다는 것은 생각만 해도 살이 떨리고 가슴이 벌렁인다. 아니, 내가 그에게 패배의 쓴 잔을 마시게 되면 나는 천추의 한을 남길 것이고, 나는 그 분함을 참지 못해 사망

할는지도 모른다. 아, 생각만해도 이가 갈린다. 내가 어떻게 그런 말을 할 수 있는가? 나는 결단코 그리 되지 않을 것이고 또 그리 될 수도 없을 것이다. 어림없는 소리, 말도 안되는 생각을 하지도 말자. 내가 누구던가. 적어도 나로 말하면 어기차게 억센 사나이로 이름난 사람이 아니던가. 이 세상 어느 누구도 내 고집을 못 꺾을, 아니 꺾을 자가 없을 정도로 어기찬 사내가 아니던가. 뿐만이 아니라 오직 하나밖에 없는 목숨을 초개草芥와 같이 내던질 각오가 된 사람이다. 자부심이 하늘을 찌르거늘 어찌 그런 마음을 먹을 수가 있으랴. 천부당 만부당한 소리다. 말이 안 되는 소리는 애시당초 하지도 말자.

나는 결코 비굴한 사람이 되지 않을 것이고, 세상에 무슨 일이 일어나도 나는 내 목적을 달성하여 승리를 거머쥘 것이다. 내가 빈틈없이 준비해온 기술을 발휘해 한 치의 오차도 없이 완전 무결하게 실력발휘를 할 것이다. 그를 도모하는 데는 한 방의 결정타가 필요하다. 나는 마치 벌처럼 달겨들어 결정타를 쏘아 그에게 치명상을 입힐 것이다. 그래서 최후의 승리를 획득할 것이다. 하긴 상대방도 날쌔기로 이름난 놈이라 수월하지는 않겠지만.

참 이상한 일이다. 나는 왜 그놈만 생각하면 왜 이리 흥분을 하는지 모르겠다. 결전의 날 결전의 장을 연상만 해도 피가 거꾸로 솟는다. 도무지 피가 끓어올라 견딜 수가 없다. 그 동안 내가 당한 수모 때문일까. 괘씸한 놈의 행동이 얄미워서일까.

드드륵 드드륵 이가 갈린다. 시시각각 내 마음을 조여오는 안달은 나의 분노를 도저히 참을 수 없게 만든다. 자제심이 한계를 드러낸 셈인가. 어쨌든 나는 반드시, 반드시 결정타를 날려 그를 도모할 것이다. 그리고 반드시 승리를 획득할 것이다.

임박해 온 결전의 날은 바로 내일이 아니던가. 심신의 준비를 완벽하게 마친 나는 그동안 닦은 실력을 유감없이 발휘할 채비가 되었다. 어쩌면 요행스럽게도 겨룸이 시작되자마자 나의 선수先手가 적중되어 게임이 싱겁게 끝날 수도 있다. 마치 공이 울리자 마자 날린 주먹이 상대방에게 치명상을 입혀 링 위에 꼬꾸라지는 권투선수를 본 적이 있기에 해본 말이다. 그런 요행을 내가 바라서 그러는 것이 아니고, 그럴 수도 있겠다 싶어 해본 말이다. 허나 환상은 실전에 절대 금물이다. 나는 정정당당히 싸울 것이다. 싸워서 이길 것이다.

아 ~, 동녘하늘에 아침해가 환히 밝아온다. 드디어 결전의 날이 밝았도다. 꿈속에서도 그리던 그 날이 아닌가! 결전의 날, 오전 10시 30분, 게임이 시작되는 시각이다. 나는 그 동안 가꾸어 온 육체, 그 동안 닦아온 기술의 모든 것을 다 가지고 그곳으로 간다. 아니, 그가 나타날 그 곳에 이미 와 있다.

헌데 어찌된 일인가! 이상한 일이다. 교묘하게도 쥐구멍에 생쥐새끼는 끝끝내 나타나질 않고 도망치고 말았다.

무상고독록無償孤獨論

고독을 씹으면 씹을수록 고독맛이 나서 좋다. 고독의 맛을 아는 식객이 미식味食을 찾듯이 즐겨 찾는다. 사고의 고통 외엔 별난 맛이라곤 없는 것이지만 그래도 맛을 들여보면 구미가 당겨 끌리는 데가 있다.

사실 의식적으로 고독개발孤獨開發을 할 필요까진 없어도 잘만 지녀서 정을 들인다면 해로울 것은 없다. 특히 문학을 하는 이는 아는 터이지만 그를 잘 응용하면 훌륭한 창작이 나오리라 믿는다. 고독을 안고 궁그리지 않는 시인이 있을 수 있을까. 미루어 보아 과찬지변過讚之辯인지는 모르나 위대한 예술은 모름지기 고독의 소산이라면 틀린 말은 아닐 것이다. 예술가는 은연중에 고독의 신세를 지고 있음은 함께 아는 바다. 고독을 애지愛持하는 사람중에는 때로 오인을 받는 수가 있는데 그것은 그가 마치 고독지상주의자처럼 표토를 내고 다니다가 실컨 필筆매를 맞기가 일쑤다.

"미친놈 미친 소리만 하고 다니네, 그런 괴변이……."

욕을 먹어도 싸다. 하기야 고독을 멋부림치고는 고급 멋에 속한다고 한다면 애교로 봐줄는지는 몰라도, 춘하추동 사계에 그 절기가 바뀔 때마다 빈 마음의 창문을 노크하는 무법자가 있으니 이는 곧 고독이다.

평화를 교란하는 그 죄 크다고 하겠다. 더욱이 늦가을 밤늦게 풀벌레 소리를 데불고 수그러진 머리를 떠받히고서는 알뜰히도 못잊은 사연과 못다한 정이 남아 안으로 안으로만 타들어가는 뼈저림을 두고 이르는 것이다. 또 한해를 두고 계절따라 달갑지 않게 찾아드는 그를 이름해서 나는 감기성 고독이라 이름짓는다.

해수병을 가진 할아범이 겨울이 달갑지 않은 것처럼 고독기가 있는 사람은 이 감기성 고독을 싫어하기 마련이다. 그러나 이 계절풍증 고독은 걱정할 것이 없다. 제나름대로 간단한 물리치료를 하면 쉽게 완쾌되기 때문이다.

다음은 연령에 따라 찾아오는 고독이 있다. 혼기를 놓쳐버린 노처녀 총각의 초조한 고독이 그 대표일 것이고, 중년기 사별死別의 찝질한(?) 고독을 맛본 과부나 홀아비의 그 심정을 남들은 모르리라. 꽃잎을 뿌리고 살리라는 그 화사한 청춘의 꿈은 사라진 지 오래고 노령에 하릴없어 죽음을 준비하는 비참

한 고독도 빼지는 못할 것이다. 내가 듣기로는 신혼 초 새각시의 신혼고독도 있다고 들었다.

그 보담 사춘기 이성고독異性孤獨은 돈주고도 살 수 없는 가장 보배스러운 것으로서 먼 훗날 그대의 추억의 장에서 그 으뜸을 장식하리라고 믿는다. 이 청춘고독은 난생 처음 맞는 고독이라서 책상 위의 편지지를 놓고 열기를 더해갈 때 안화顔花가 활짝 필 것이다.

이성異性을 소유해도 고민하고 또 없어도 고민해 유무간에 이 까닭모를 고민은 심리학적인 논리를 전개하기에는 자못 심각한 것이다. 그 외에도 우리 인간에게는 나면서부터 지니고 온 숙명적인 고독이 있다.

인간의 고독과 사회고독이 그것들이다. 인간고독이라 함은 '인간은 죽음을 전제한 존재'라고 정의한다면 그 얼마나 서글픈 숙명이냐!

인간고독은 물질적인 것은 그만두고 우리의 정신적 총산總產인 종교를 놓고 보더라도 이러한 미지의 죽음을 미끼로 낚시를 거는 그것은 이제는 우리를 너무나 피곤하게 만들고 지치게 했다. '죽음을 위해서 삶을 포기하는 죄악보담 더 큰 것은 없다'라고 삼가 배전에 말씀드린다면 노벨상을 거부한 사르트르를 닮았다고 지탄하실는지요? 그러나 저의 쪽에서도 할 말이 없진 않다 '－死卽生 生卽死－'란 가냘픈 변명으로서가 결코 아니라 이 인간고독을 벗어버릴 대책을 나는 강요하는 것이다.

나는 언젠가 '죽음은 아름답고, 어둡고, 깊다'라고 읊은 미국 어느 시인의 말을 열심히 빌어 죽음을 변호하려들던, 자존심이 꽤나 강한 Y박사가 담론도중 자기도 짐짓 어이가 없었던지 "그렇지만……"하고 멋쩍은 웃음을 입가에 띄웠다. 이어 기껏 한다는 소리가 "죽음이란 타의식他意識에서 생각하면 죽기가 싫고 무서운 것이지만 자의식自意識속에서 생각하면 그럴 것이 없다" "그것은 공동 욕탕에서 벌거벗은 자기 모습이 부끄럽지 않은 이치와 같은 것이 아닐까?" 하면서 만용을 자랑하던 그도 죽음을 어찌 해석할 수 없었던지 묘한 귀론鬼論 아닌 괴론怪論을 펴는 것이다.

인간고독을 정말 깊기만 하다. 둘째로 사회고독이라함은 '인간이 법의 신세를 진다'라는 하나만의 사실을 두고도 우리는 이 고독을 가지고 태어난 성싶다. 그 많은 주의주장主義主張의 남발에 현대인은 몸둘 바를 모른다.

사회적인 바람직한 인간상이란 무엇을 어떻게 해야 한다는 건지 내처 미상불未詳不이다. 박학다식한 학자가 무지한 사람을 보고 상대적으로 자기쪽에서 고독을 느끼고, 재판관이 죄인들의 사실심리査實審理를 하다가 자기고독을 감득하는 것은 마찬가지 이치일 것이다. 가르친 제자에게 배신당한 스승도 그 상대적인 고독의 잔이 쓸 것임은 무언지사다. 그리고 숙명적 고독과는 달리 인위적 고독이 있다면 그것은 문화적 고독일 것이다. 내부적 고독이 정신적 그것이라면 외부적 고독은 문화적 그것일 것이다. 정신적인 황폐를 경험한 서구사회에서는 이 과학문화가 안겨다 준 엄청난 물리적 고독 앞에 바야흐로 몸부림을 치고 있지 않는가! 시인은 이 무저항의 물리적 고독에 밤새우며 괴로워한다.

하긴 고독을 고독의 자위책自慰策으로 쓰는 이도 있다는 말이 있으나 약재藥材로 쓰는 고독은 분명히 피로회복제가 될 것인즉 정말 희안한 생각이다. 자고로 이러한 편리한 고독주의자는 일찍 본 바 없다.

'고독이여, 너는 분명 편리한 놈이로고'라고 외칠 자가 있다면 그는 분명 경세가輕世家다. 추억, 애정, 종교, 부정부패, 전쟁, 이혼, 노사老死에 이르기까지 고독의 재료는 무한하다. 일찍이 고독처방론孤獨處方論을 펴고 심지어는 고독축출론孤獨逐出論까지 내세워도 인간은 그를 간파하기에는 어림없다. 원래 고독한 사람은 고독하며 살기 마련인 것이다.

고독한 사람끼리 만나면 술잔을 든다. 주거니 받거니 하다 잔술이 불면 고독도 불어난다. 가정고독이 직장고독으로 옮겨지고, 생활고독을 하다보면 처세고독으로 이어가고, 최종에는 무상無償고독으로 막을 내리기 일쑤다. 고독의 생리를 본다면 고독의 계산법은 묘한 데가 있다.

하나의 고독에서 또 하나의 고독을 더해가는 가산법이 아니고, 하나의 고독에서 다른 이질적인 고독이 보태지면 고독은 승산乘算으로 불어나는 것이다. 나는 이를 이름하여 제곱고독형이라고 부르고자 한다.

고독이 고독의 새끼를 치고해서 인생사人生史란 무한한 고독의 연속이다. 따지고 보면 이 각박한 외상사절의 속정俗情에 이 무상고독無償孤獨이 있어 좋다.

우정론友情論

우정은 혼자서 이루어지는 것이 아니라 서로 나눠갖는 것, 우정은 정분으로 맺은 사람들끼리만 지닐 수 있는 은밀한 갈대밭 속이다. 갈대 속에 내밀한 사정은 다른 사람들은 아무도 눈치채지 못할 것이다. 바람이 불고 비가 내려도 그 속에 숨겨진 우정은 정말 아름답다.

우정은 익은 과일을 따듯 금새 획득되는 것이 아니라 오랜 세월을 두고 서서히 영글어가는 것이다. 친구가 슬플 때 나도 슬프고, 친구가 기쁜 때 나도 기쁘다. 우정이란 주는 것도 받는 것도 없이 그저 서로 좋아하는 연둣빛의 동경이다. 친구를 어떤 타산을 가지고 사귀려들면 그것은 우정일 수가 없고, 사이비우정이 될 것이다. 그래서 우정에는 지위의 고하가 없고, 지식의 과다가 필요치 않고, 더더욱 재산의 유무는 문제가 되지 않는다.

친구가 좋다는 것은 사심이 없기 때문일 것이고 만약 친구 간에 이기심이 발로되면 우정에는 금이 간다. 도와줄 수가 있으면 좋겠지만 안 도와주어도 상관이 없다. 마음만 있으면 되는 것이다.

우정이란 새하얀 눈밭처럼 순백색일 수만은 없다. 두 사람이 좋다면 함께 흙탕물도 튕기고, 구렁텅이나 수렁에 빠질 수 있다. 그렇게 할 친구가 곁에서 멀어지면 외롭고 고적하다. 멀리 떠나있는 친구에게 우리는 편지를 쓰고 서로 간격없는 우정을 확인한다. 친구따라 강남간다는 말처럼 친구를 찾아 먼 거리를 방문하는 것은 바로 그 곳에 친구가 있기 때문이 아니겠는가! 단지 친구가 그 곳에 살고 있다는 한가지 사실만으로 갈 용기가 생기는 것이다. 친구는 서로 아껴야 되겠지만 욕을 해도 상관없다. 친구이기 때문에 아낄 수도, 욕을 할 수도 있으리라. 허물없는 우정은 맹물처럼 맛이 없다. 친구의 허물을 덮어주는 사람도 또한 친구뿐일 것이다. 허물이 있어 친구가 싫다는 것은 이유에 불과하다. 허물 때문에 친구가 싫다면 그는 당연히 혼자일 수밖에 없을 것이다. 친구 선택은 고의적인 것이 아니다. 고의적인 선택이 아니길래 성인과 사기꾼은 친구가 될 수 있고, 순경과 도둑이 친구가 될 수 있다. 순수한 우정에는 원수끼리도 친구가 된다. 그리고 우정에는 남녀의 구분이 있을 수 없다. 남자끼리, 여자끼리 또 남녀끼리, 끼리끼리 친구가 될 수가 있을 것이다. 특히 남녀끼리 친구일 때는 우정과 애정이 구분되어야 할 것이다. 애정과 우정의 차이는 진초록과 연초록에 불과하지만 남녀간의 우정은 신의信義로 할 것이다. 신의를 묻은 땅에서는 탈선과 아부의 싹이 틀 리가 없다. 친구가 비록 나쁜 일을 했을 때도 힐난하지 않고 신의로서 우정을 지킬 것이다.

우리가 친구에게 더 잘 보이기 위해 애쓸 필요가 없는 것은 그가 내 친구이기 때문이요, 비록 어떤 잘못이 있어 용서를 빈다 해도 용서해 줄 것이 없는 것은 그가 바로 내 친구이기 때문이다. '이제야 정말 내 친구가 되었구나'하고 의아함과 호기심을 가지고 친구를 바라다 보았을 때는 이미 그 친구는 친구가 아니다. 친구에게 우월성을 발견하고 그 우월성 때문에 사귀게 되면 이미 우정의 통로는 막힌 것이다. 환상으로 친구를 사귈 수는 없다. 우정은 연습이나 가정假定이 아니라 실천과 사실이다.

우정은 생각지도 않을 때 받는 댓가 없는 선물과도 같은 것이어서 마땅히 받을 선물을 받는 것이다. 때문에 있는 그대로의 모습을 보여 부끄러움을 느끼지 않는 것이 우정의 시금석이 된다.

우리는 친구가 된 다음에 우정을 아는 것이지, 우정을 나누기 위하여 친구가 된 적은 없다. 이미 친교가 이루어진 다음에 우정을 느끼는 것이기 때문에 사귐에 비평을 가할 여유가 없게 된 셈이다. 이것은 연인이 된 다음에 애정을 느끼는 것과도 같은 이치다.

우정은 생각지 않을 때 오는 잠과 같이 저절로 오는 것이어서 아무 의혹도 없이 감사히 수면을 하기만 하면 되는 것이다.

내가 어떤 의도나 목적을 가지고 친구가 되고자 하지만 그쪽이 친구가 되어주지 않는다. 그것은 상대방이 그 의도나 목적을 정확히 읽고있기 때문에 그러하다. 친구간에 겸허하게 속을 비울 때만 우정이 터를 잡고 그 속에서 우정이 성장한다.

행복한 우정을 누구나 기대하지만 우정이 불행으로 끝날 수도 있다. 그러나 불행한 우정도 우정인 것인 만큼 배신은 아닌 것이다. 하지만 행복한 결과를 얻으리라고 생각하고 우정을 시작하는 사람은 이 세상에 한 사람도 없다. 불행을 가장 아름다운 우정으로 승화시킨 경우가 이런 경우가 아닐까 한다.

조용한 어느날 밤에 살인을 저지른 강도가 담을 넘어왔다. 놀라서 문을 따보니 친한 친구였다. 자네를 믿고 찾아왔으니 숨겨달라고 호소하였다. 친구는 아무말 없이 그를 침대 밑에 숨기고 뒤를 추격한 형사를 따돌렸다. 뒷날 불행히도 살인범은 잡히게 되었고, 그를 숨겨준 친구도 은익죄로 함께 법정에 서게 되었다. 재판장이 그에게 물었다.

"당신은 법을 잘 아실 사람이 어찌하여 살인자를 은닉시켰오?"

"예, 말씀드리지요. 그가 내 친구이기 때문입니다. 그 말밖에는 드릴 말씀이 없습니다."

뒤에 알고보니 강도를 은닉시켜준 사람은 검사였고, 그는 그 후에 법복을 벗었다.

■ 연보

• 약력

1937년	4월 15일(음 3월 5일) 경북 성주군 벽진면 수촌리에서 부친 도재욱, 모친 박난시 사이 10남매 막내아들로 태어남.
1949년	벽진초등학교 졸업.
1952년	성주중학교 졸업.
1955년	대구 계성고등학교 졸업(계성고 시절 전국 백일장에서 시 〈문등이 길 나그네〉로 장원 상을 받음).
1959년	지원 입대하여 육군 만기 제대.
1962년	동국대학교 문리대 영문과 졸업(문학학사학위를 받음).
1964년	≪신태양≫지와 ≪신세계≫지에 수필 〈여자의 손톱〉, 시〈기구〉로 등단.
1966년	동국대학원 영문학과 졸업(문학석사학위 받음).
1966년	9월 동국대학교 문리대 대내강사로 임명받음(야간에 용문고등학교 교사로 겸직함).
1969년	동국대 강사 겸 야간 대경상업고등학교 교사로 겸직.
1970년	중앙대, 경기대, 한성대, 상지대, 목원대, 단국대, 안양대, 장신대, 경민대 등에서 영문학을 강의함.
1980년	동국대학교 전임교수로 발령받음(문학박사).

1985년	수필집 ≪땡감을 깨무는 마음으로≫출간(출판 기념회를 가짐).
1986년	상기 수필집 재판, 3판, 4판 출간.
1988년	4월 수필집 ≪겨울을 앓는 사람≫출간.
1988년	〈영미 애송시 감상〉을 ≪세기문학≫지와 ≪문학21≫지에 다년간 계속 연재함.
1989년	≪영미수필선≫ 교음사에서 출간.
1990년	한국신문예협회 회장으로 선임.
1993년	3월 ≪수필문학론≫초판 출간.
1993년	3월 장시 〈장송비가〉를 ≪문예사조≫지에 오랜 기간 분재 수록함.
1993년	7월 수필집 ≪겨울을 앓는 사람≫재판 출간.
1994년	10월 ≪수필문학론≫재판 출간(그 후 3판, 4판, 5판 출간함).
1995년	5월 장시집 ≪장송비가≫출간(그 후 재판, 3판 출간함, 희곡작가협회 회장 주동운의 각색으로 전 작품 ≪국제펜≫지에 수록).
1996년	〈한국현대수필의 사적 고찰〉을 ≪수필과비평≫지에 계속 연재함.
1998년	장시 〈한 영혼의 연가〉를 ≪한맥문학≫지와 ≪문학세계≫지에 오랜 기간 분재 수록함.
2000년	6월 수필집 ≪바람밥≫출간.
2001년	국제문화예술협회 심사·운영위원장 선임.
2004년	한국문인협회 수필분과 회장으로 선임.

2004년	2월 수필집 ≪밤별≫출간(그 후 재판, 3판을 출간함).
2004년	5월 ≪한국현대수필문학사≫출간.
2005년	1월 시집 ≪한 영혼의 연가≫출간.
2008년	6월 시집 ≪무영탑≫출간.
2009년	≪정통영어속담≫출간.
2009년	≪English Poetry Written by Do Chang Hoi≫개인 영시집 출간.

• 문단활동

(현)한국신문예협회 회장, 한국문인협회 수필분과 회장 역임, 국제펜클럽 한국본부 자문위원 역임, (현)한국수필문학가협회 수석부회장, 한국불교문인협회 부회장 역임 현 고문, 한국비평가협회 이사 역임, 한국민족문학회 자문위원, 문학지 ≪문학세계≫≪신문예≫≪문예한국≫≪한겨레문학≫≪세기문학≫≪좋은문학≫≪수필세계≫≪수필시대≫≪수필문학≫≪동방문학≫≪문예춘추≫≪시사문단≫≪한맥문학≫≪지구문학≫≪문학21≫≪해동문학≫≪해송문학≫≪현대문학사조≫≪서정문학≫≪열린문학≫≪국제문학≫≪문학의 봄≫≪동국문학≫≪고려달빛≫(현) 고문 및 자문위원 역임, ≪수필시대≫ 주간 역임.

한국현대시인협회, 자유시인협회, 죽순클럽, 한국수필가협회, 한국수필진흥회 회원, 한국영어영문학회 평생회원.

• **수상경력**

경기문학 수필 부문 대상, 민족문학 대상, 문예한국 본상, 한맥문학 본상, 허균문학 대상, 탐미문학 대상, 국제문화예술상 수필 부문 대상, 박화목문학상 시 부문 대상, 매월당문학상 산문 부문 대상, 허나설헌문학상 시 부문 대상, 한국신문예협회 수필 부문 대상, 일본국제문화예술 대상 및 문학공로 훈장, 미국 링컨문화재단 저술공로 훈장, 중국 문화협회 문학대상, 미국 에피포토문학 대상, 황희문화예술상 수필 부문 대상, 세계시인협(한국) 계관시인상, 한국문인협회 공로상, 문학세계 공로상, 한국신문예협회 공로상, 자랑스런 서울시민 표창장, 안중근 의사상(문화 예술 부문) 등 수상 그리고 유네스코에 등록된 세계시인대회(인도) '세계시인협회 아카데미'에서 명예문학박사학위를 수령.

현대수필가 100인선 · 69
도창회 수필선

설산유정雪山有情

초판인쇄 | 2010년 7월 16일
초판발행 | 2010년 7월 22일

지은이 | 도 창 회
펴낸이 | 서 정 환
펴낸곳 | 좋은수필사

주 소 | 서울시 종로구 익선동 30-6
운현신화타워 빌딩 3층 305호
전 화 | 02)3675-5635, 063)275-4000
등 록 | 1984년 8월 17일 제28호
홈페이지 | http://www.shinapub.com
e-mail | essay321@hanmail.net

값 7,000원

ISBN 978-89-5925-338-8 04810
ISBN 978-89-5925-247-3 (전 100권)